Ursula Guthörl • Abhärtungen und Freuden

ABHÄRTUNGEN und FREUDEN

Reminiszenzen aus den letzten hundert Jahren

von
Ursula Guthörl

Ein langer Aufsatz

FRIELING

Weitere Publikationen der Autorin:

„Körbe in Kampen"
(Frieling-Verlag Berlin, 2023)
„Die Erde hängt an einem Faden"
(August von Goethe Literaturverlag, 2023)
„Tanz um den Göttelborn"
(novum Verlag, 2022)
„Zeichen und Gnade"
(edition sawitri, 2021)
„Wasser-Morgen oder Intuition und Liebe"
(Edition Göttelborn, 2005)

Bibliografische Information der Deutschen Nationalbibliothek
Die Deutsche Nationalbibliothek verzeichnet diese Publikation in derDeutschen Nationalbibliografie; detaillierte bibliografische Daten sind im Internet über http://dnb.d-nb.de abrufbar.

Rheinstraße 46, 12161 Berlin
Telefon: 0 30 / 76 69 99-0
www.frieling.de
ISBN (Print): 978-3-8280-3807-3
Auch als E-Book verfügbar (ISBN 978-3-8280-3808-0)
1. Auflage 2023
Bildquelle/Gestaltung: pixabay

Printed in Germany

INHALT

Für meine Mutter, Wilhelmine Häbel,
für Hermann Lenz,
für Makarand Paranjape,
für Peter Handke,
für alle Freunde,
für alle Menschen

With confidence we shall advance,
With certitude we shall wait.
(Mirra Alfassa alias „The Mother“)

Mit Zuversicht werden wir vorankommen,
Mit Gewissheit werden wir warten.

Vorwort

Als ich begann, diesen Text niederzuschreiben, zog ich in Erwägung, ihn unter einem Pseudonym zu veröffentlichen. Immerhin gebe ich einige Geheimnisse von mir preis. Jetzt, wo die Blätter vor mir liegen, fände ich es angesichts meines Anspruchs, aufrichtig und wahr über versunkene Zeiten zu berichten, etwas feige, meinen Namen zu verschweigen. Schließlich geht es mir um Kommunikation und ich würde mich über Reaktionen der Leser(innen) freuen. Auch sie wären anonym weniger wertvoll für mich.

Obwohl mein langer Aufsatz auf den ersten Blick wie eine Autobiografie aussehen mag, war dies nicht meine Absicht. Ich lasse lediglich Zustände, Ereignisse – persönlicher und allgemeiner Art – wie in einem Prisma zusammenfließen, um einen begrenzten Ausschnitt einer Zeitspanne lebendig werden zu lassen. Natürlich ist mein Erfahrungsreichtum damit noch lange nicht ausgeschöpft.

In erster Linie versuche ich, jungen Menschen von heute einen ungefähren Eindruck davon zu vermitteln, wie schwierig und oft rückständig die Zeit vor 70, 60, 50, ja 30 Jahren war. Vielleicht hilft es Ihnen ja ein wenig, die Gegenwart besser zu ertragen und zu schätzen, wenn Sie sich bewusst werden, dass auch die Nachkriegsgenerationen nicht immer auf Rosen gebettet waren.

Vor meinem geistigen Auge zogen moderne Teenies und Gruftis vorbei, während ich auf meiner Lieblingsinsel Porto Santo im Atlantik altmodisch in mein Heft kritzelte. Deshalb bezeichne ich das Ergebnis als ein *Jugend- und Altenbuch*. In den Mädchenjahren meiner Mutter nannte man die junge ungestüme, leicht alberne Spezies *Backfische*. Für und über sie wurden schmalzige Bücher geschrieben, die relativ wenig mit der Wirklichkeit zu tun hatten. Heute würden Teenager mitleidig darüber lächeln, denke ich mal. Mein Lieblingsbuch war „Steffys Backfischzeit" von Magda Trott. Meine Mutter bekam es 1928 von ihrer lieben – jung gestorbenen – Schwester zu Weihnachten geschenkt, als sie 13 war. Wir haben es beide gleichermaßen geliebt und unsere Weltanschauung davon verklären lassen. Der Roman handelt von einem jungen Mädchen, das nach langem Hin und Her seinen ersten Kuss bekommt. Das fand ich mit 15 Jahren unheimlich aufregend. Junge Damen von heute machen in jenem Alter wahrscheinlich schon ganz andere Erfahrungen und könnten sich über so viel Naivität nur amüsieren. Vielleicht würden sie das Buch aber auch ein wenig romantisch finden und mit Spaß lesen, wer weiß. Die entscheidenden Sätze in „Steffys Backfischzeit" lauten:

„Ich habe noch keine Braut, Fräulein Steffy, aber ich denke, recht bald eine zu haben." „Wir wollen Veilchen suchen." [= Steffys ausweichende Antwort] Jetzt würgten Tränen in ihrer Kehle. Da riss er sie in seine Arme. „Steffy, fühlst du nicht, wie gut ich dir bin? Weißt du denn nicht, dass dir mein ganzes Herz gehört?" Nur einen einzigen Augenblick sah sie zu ihm auf, dann schmiegte sie sich in seine Arme. Er schloss ihr mit einem Kusse den Mund. [Man beachte das e am Ende von Kusse.] „Meine Steffy denkt jetzt nicht mehr an Schopenhauer und kümmert sich mehr um Haushalt [na also!] und um ihre Stunden [welche?]. Willst du das tun, Liebling?" [Natürlich wollte sie.]

So habe ich mir jahrelang meinen ersten Kuss ausgemalt. In der Realität war er dann nur nass wie von einem Karpfen, und ich traute mich nicht, mir den Mund abzuwischen, weil ER dadurch gekränkt sein könnte. Der neun Jahre ältere Knabe mag sich dagegen gefragt haben, warum ihn dieses 16 jährige Kind verlegen wie ein Honigkuchenpferd angrinste, wenn er es „in seine Arme riss". Sicher hatte ich irgendwo gelesen, dass man immer lieb und freundlich zu den Männern sein sollte.

Nach der Hochzeit hat Steffy wahrscheinlich Eheromane gelesen und viel später – als Großmutter – Erbauungsromane. Wenn ich das Radio anschalte, vernehme ich ständig, wie prekär die Zeiten sind. Wir haben eine „Schönwetterdemokratie“, hörte ich zum Beispiel jemand sagen. Man müsse warnen, um den Anfängen zu wehren und den dumpfen Rechten keine Chance zu geben, falls sich die Probleme doch nicht so schnell in den Griff kriegen lassen würden. Die Menschen in unserem Land hätten es jedoch satt, immer als „die Bösen“ beschimpft zu werden. Trotzdem wäre die Jugend sehr schlecht über die Zeit vor dem Krieg, während seiner Dauer und danach informiert. Zeitzeugen hätten aber leider die Tendenz, den Nationalsozialismus zu rechtfertigen. Teenager wären außerdem wenig an komplizierten, theoretischen Abhandlungen über jene unrühmliche Zeit interessiert. Private Erlebnisse kämen besser bei ihnen an. Warum machen wir dann nicht das Erzählen und den Humor zu unseren Verbündeten? Ich nehme mir das jetzt zu Herzen, überwinde die Hürde meiner scheuen Zurückhaltung und versuche, meine „subjektiven Wahrheiten“ mit Heiterkeit und einem verschmitzten Augenzwinkern in die Welt zu setzen. Überglücklich wäre ich, wenn beim Lesen ab und zu ein herzhaftes Lachen erschallen würde, sodass die Nachbarn entnervt an die Wand klopfen. Das habe ich in Luxemburg tatsächlich schon selbst erlebt.

Sorgen, Wunder und Liebe

Jeden Tag werden neue Hiobsbotschaften verkündet: Firmenpleiten, Arbeitslosigkeit, Lehrstellenmangel (inzwischen ist es scheinbar umgekehrt), Geldnot der Kranken-, Pflege- und Pensionskassen, die gigantische Verschuldung des Bundes, Attentate, Zerstörung der Umwelt und so weiter und so fort. Die Bürger machen sich Sorgen. Ein bisschen mulmig kann einem wirklich werden. Wo führt das hin? Haben wir das Recht, unseren Nachkommen – falls wir unsere Vermehrungspflicht überhaupt erfüllt haben – einen solchen Schlamassel zu hinterlassen? Wer muss die Zeche letztendlich bezahlen? Vielleicht kann nur noch ein Wunder helfen. (Das Wort *Wunder* wird im Moment ziemlich überstrapaziert.) Neue, utopische Ideen müssten verwirklicht werden, die uns bessere Wege aufzeigen. Vielleicht liegen sie ja schon irgendwo in Schubladen. Kramen wir sie doch mal mit vereinten Kräften hervor.

Es heißt: Die Wohlhabenden werden immer reicher und die Mittellosen immer ärmer. Dabei hatten wir im Westen doch gedacht, die größten Ungerechtigkeiten überwunden zu haben. Pessimisten unken: „Eines Tages werden sich die Verlierer zusammenrotten, um sich das ihnen Zustehende mit Gewalt zu holen." Ich bin lieber Optimist und weigere mich, an einen Krieg „Arm gegen Reich" auch nur zu denken. Kaputt machen und wiederaufbauen ist nicht nachhaltig und außerdem langweilig. Seit ewigen Zeiten haben wir die gleichen Fehler wiederholt. Macht, Sieg und Vorherrschaft bringen nichts Dauerhaftes zustande. Das sollten wir, die „Krone der Schöpfung", inzwischen gelernt haben. Solidarität, Liebe, Rücksichtnahme, Hilfsbereitschaft und Mäßigung sind im Grunde die „stärkeren Waffen". Wenn wir diese Werte nicht länger unterdrücken, könnten sie der Humus für eine neue Kultur werden. Zugegeben, einfach ist es nicht, jemanden zu lieben, der uns gerade gekränkt oder beleidigt hat, wie ich mitunter selbst am eigenen Leibe erfahren habe.

Heute und gestern

Dieser Text soll kein theoretisches Traktat werden, in dem ich nur Beobachtungen und längst bekannte Binsenwahrheiten aneinanderreihe. Vielmehr möchte ich mich selbst und meine Familie mit einbringen. Denn nur eigene Erfahrungen können einigermaßen authentisch wiedergegeben werden, sofern Ehrlichkeit der Antrieb ist.

Zurück zu den aktuellen Diskussionen über anstehende Veränderungen, die den Lebensstandard zahlreicher Menschen der entwickelten westlichen Länder in den kommenden Jahren möglicherweise reduzieren werden. Es ist natürlich hart, liebe Gewohnheiten zu ändern oder aufzugeben, weil das Geld nicht mehr ausreicht. Mir scheint jedoch, wir sind ganz schön anspruchsvoll geworden. Dinge, die in meiner Kindheit und Jugend nur Wunschträume oder noch gar nicht erfunden waren, werden heute mit größter Selbstverständlichkeit benutzt und konsumiert. Die junge Generation denkt vielleicht, dass ihnen all dies zustehe. Die Eltern strampeln sich im Beruf ab, auch um vor ihren Kindern nicht als Versager dazustehen. Das wird nicht immer mit Dankbarkeit belohnt. Die anderen haben all die begehrten Dinge doch auch! Wenn den Sprösslingen etwas versagt wird, sind sie womöglich übellaunig oder machen gar selbst Schulden, um ihre überzogenen Ansprüche zu befriedigen. Obendrein beschweren sie sich dann auch noch, wenn die Eltern keine Zeit und keine Kraft mehr für sie haben. Dies ist natürlich nur die eine Seite der Medaille. Junge Schulabgänger, die keine Lehrstelle finden, nach einer Ausbildung nicht übernommen werden und deshalb keine Perspektiven für ihr Leben zu erkennen vermögen, haben natürlich mein vollstes Verständnis und Mitgefühl. Doch auch sie lässt man nicht nackt auf der Straße liegen, wie das zum Beispiel in Ländern wie Indien oft der Fall ist.

Trotz allem Grund zur Besorgnis möchte ich auch daran erinnern, dass selbst Menschen mit einem Mindesteinkommen immer noch viel mehr besitzen als die Generation der Kriegs- und Nachkriegszeit. Das karge Leben dehnte sich bis in die Sechzigerjahre aus. Dann ging es allmählich aufwärts.

Eigentlich bin ich froh, als Kind und junge Frau „arm“ gewesen zu sein, denn so konnte es nur bergauf gehen. Heute bin ich dankbar für alle meine Errungenschaften, darunter die Waschmaschine, der Elektroherd, die Zentralheizung, der Kühlschrank, die Spülmaschine, das Telefon, der Fernseher, der Computer, die neuen Designer-Sitzmöbel, der Esstisch mit Glasplatte, der Couchtisch mit dimmbarer Lampe, die süßen Kitschfigürchen aus Portugal, der Sandelholz-Ganesha aus Indien, die selbst gebastelten Ketten aus Meeresschnecken, die mir das Meer geschenkt hat, der lange Black-Denim-Rock mit smaragdgrüner, figurbetonter Walkjacke von Hess-Natur und – das Allerwichtigste – ein privates WC mit Waschbecken. – Auch wenn ich das alles nur sozusagen „ausgeliehen“ habe und in ein paar Jahren einzig das Wesentliche, das Innere mitnehmen darf.

Ich weiß noch genau, wie sehr wir uns in meiner Familie über jede Neuanschaffung freuten. Zuerst hieß es jedoch eisern sparen. Schulden machen wäre uns nicht in den Sinn gekommen. Das war nur gerechtfertigt, wenn man den Bau eines Hauses in Angriff nahm.

1950 wurde in unserem Dorf ein Verein (Ketteler-Verein) zum gemeinsamen Bau bescheidener Einfamilienhäuser gegründet. Auch meine Eltern wurden Mitglieder. Wer wenig Geld hatte (wie wir), musste seine Arbeitskraft einbringen. Mein Vater arbeitete rund fünf Jahre lang jeden Tag nach seiner Berufsarbeit (Vermessungssteiger bei der Grube Göttelborn) auf dem Bau. Er hatte sich das Zimmererhandwerk angeeignet und erstellte mit einem Team alle Dächer von schätzungsweise 40 Häusern. Als wir selbst bereits in unser Haus eingezogen waren, musste er weiterarbeiten, damit auch die Letzten mit noch weniger Geld ihr Haus bekamen. Sogar die Mauersteine wurden in Eigenarbeit hergestellt. Es war eine wirkliche Leistung, so wenige Jahre nach dem Krieg. Es funktionierte. Jedes Mitglied besaß am Ende ein eigenes Haus. Es hätte ja auch schiefgehen können, wenn das Geld ausgegangen wäre und der Verein Pleite gemacht hätte. Alles endete gut mit vereinten Kräften ohne allzu große Ansprüche.

Wir mussten sehr sparsam leben. Wenn Vater am Monatsende sein Gehalt nach Hause brachte, wurde es sofort eingeteilt. Das Haushaltsgeld bewahrte Mutter in einem großen Heft auf. Für jede Woche wurde eine feststehende Summe zwischen die Seiten gelegt. Ein Bankkonto hatten wir damals noch nicht. Wir gaben nicht mehr aus, als uns zur Verfügung stand. Nur ein einziges Mal – ausgerechnet vor Weihnachten! – kam eine unvorhergesehene Ausgabe dazwischen und wir standen völlig blank vor dem Fest. Wir hielten einen Familienrat ab und kratzten alle Franken zusammen. (Das Saarland gehörte damals zur Frankenzone.) Ich war 18 und mein Bruder 14 Jahre alt. Wir beschlossen, sehr bescheiden zu feiern und nur so viel zu essen, dass wir nicht hungerten. Mein Bruder hatte gerade eine Schreinerlehre begonnen und bekam ein kleines Weihnachtsgeld. Das schenkte er großzügig seinen Eltern und seiner Schwester, die noch zur Schule ging. So rettete er die Ehre seiner Familie. Wir hätten in unserem kleinen Kaufmannsladen nie anschreiben lassen. Noch jetzt bin ich ganz gerührt über Werners liebe Opferbereitschaft. (Inzwischen schaut mein lieber Bruder von „oben" herunter.)

50 Jahre danach stehen die Häuser immer noch. Inzwischen sind wahrscheinlich alle Erbauer gestorben und die Kinder und Kindeskinder haben ein Haus geerbt. Dadurch war es für sie bereits ein wenig leichter, auf einen grünen Zweig zu kommen. Das nächste Haus war dann etwas komfortabler.

Meinem Vater hat diese Arbeit Spaß gemacht. Er war stolz, etwas Sinnvolles zu leisten. Außerdem genoss er die Unabhängigkeit von der Willkür irgendwelcher Hausbesitzer. Aus dem Haus werfen konnte ihn nun keiner mehr. Die Arbeit empfand er wie ein Hobby. Als das Werk vollendet war, fehlte ihm irgendwie diese handwerkliche Beschäftigung im Freien. Der Einzug ins eigene Haus gehörte zu unseren befriedigendsten Familien-Erlebnissen. Die Einrichtung war nicht perfekt, doch das machte uns nichts aus. Im Bad gab es zunächst noch kein warmes Wasser. Das musste für eine Weile im Wasserkessel der Waschküche erhitzt und in Eimern nach oben getragen werden. Die jüngste Schwester meiner Mutter (zu Besuch) mokierte sich darüber, obwohl sie in Dortmund selbst sehr eingeschränkt lebte und gern bei uns kostenlos Urlaub machte. Immerhin hatten wir aber jetzt ein Badezimmer. Vorher hatten wir in einer Dienstwohnung gewohnt, die der Grube gehörte. In diesen Häusern gab es keine Bäder. Einmal die Woche wurde ein Kessel in der Waschküche im Keller mit Kohlefeuerung in Betrieb genommen und das Wasser in Zinkbadewannen gegossen. Dann konnte das Badefest losgehen. Mutter, mein Bruder und ich badeten vereint. Leider wurde unsere fortschrittliche, „unprüde" Mutter dafür von der Schwägerin mit Schmutz beworfen. Wir Kinder fanden es vollkommen normal, sie auch ohne Kleider zu sehen.

Während der Woche wusch man sich mit einem Handtuch um die Brust am Spülstein in der Küche. Für die intime Wäsche setzte man sich in eine längliche, emaillierte Blechwaschschüssel. Eltern und Geschwister genierten sich nicht voreinander. Alles fand ganz natürlich in Anwesenheit der anderen statt. Meinen Vater habe ich allerdings nie auf dieser Waschschüssel sitzen sehen. Er badete täglich in der *Waschkaue* seiner Arbeitsstelle, wenn er rußschwarz aus der Grube kam. Unter Tage machte er Messungen für Flöze des Kohlenabbaus. Manchmal erzählte er, dass er durch ganz niedrige neue Streben auf dem Bauch und den Ellbogen kriechen musste. Seltsamerweise machte es ihm nichts aus, dass er in der dunklen, gefährlichen Tiefe arbeitete. Er war es von Jugend auf gewöhnt und empfand sogar eine Art Stolz dabei. Wenn er nach Hause kam, waren seine Augen wie mit Kajal schwarz umrändert. Meine Mutter oder ich reinigte sie ihm mit Nivea auf einem Wattebausch. Mir fällt noch ein, dass er von seiner Arbeit mit Holz beim Dächerbau sehr oft Splitter in den Fingern hatte. Ich übernahm es, sie ihm mit einer feinen Nähnadel herauszupulen. Vorher wurde die Nadel an einem Faden ein paar Minuten in kochendes Wasser gehalten, um die Bakterien abzutöten. Ob das wirklich der Fall war, bezweifle ich. Mein Vater war nicht wehleidig, und ich hatte ein Erfolgserlebnis, wenn es mir gelang, den Splitter herauszuziehen. Es entzündete sich nie. Mein Vater sagte danach lobend: „Das hast du gut gemacht!“

Unser Grubenhaus wurde von zwei Familien bewohnt. Wir wohnten oben. Ursprünglich waren es Einfamilienhäuser. Nach dem Krieg mussten die Grubenangestellten zusammenrücken, weil Franzosen in unser Dorf im Saarland zogen und die leitenden Positionen bei der Grube übernahmen. Also musste Wohnraum für sie gefunden werden. Deshalb erhielten wir die Aufforderung, unser geliebtes Einfamilienhaus zu verlassen und in ein Nachbarhaus zu ziehen, wo unten bereits ein älterer Bruder meines Vaters mit Frau und zwei Söhnen wohnte. Das war ein schwerer Schlag für uns. Meine Mutter, mein Bruder und ich weinten. Ich war zehn Jahre alt. Voller Sehnsucht dachte ich in den darauffolgenden Jahren an mein verlorenes Heim.

Die Verantwortlichen der Grube sollen zueinander gesagt haben: „Stecken wir die zwei Nazi-Brüder doch zusammen in ein Haus.“ Beide waren nämlich Parteimitglieder der NSDAP gewesen. Ich kann mir allerdings schlecht vorstellen, dass mein Vater irgendjemand etwas Unrechtes angetan hat. Er fand die neue Ideologie gut, weil sie vorgab, Deutschland seine Würde zurückzugeben. Mein Vater wollte wieder stolz sein auf sein Vaterland. Die Partei war eine Art Klub für ihn, wo er sich mit Gleichgesinnten treffen und seine Freizeit gestalten konnte. Diese Zugehörigkeit verlieh ihm mehr Wichtigkeit und steigerte sein Selbstwertgefühl. Ich denke, das spielte für viele sogenannte „Mitläufer“ eine Rolle. Viele Menschen, die wie mein Vater normalerweise korrekt und anständig waren, fielen auf die hohle Propaganda herein. Sie wurden manipuliert von einer machthungrigen „Wolfselite“ und merkten es in ihrer Naivität nicht einmal.

Wir, die wir nicht mehr ganz so dumm sind, können ihre demütige, unkritische Haltung kaum nachvollziehen. Es ekelt einen regelrecht an, wenn man die alten Filme sieht und die Stimmen der damaligen Machthaber hört. Nach der Kapitulation hatten solche Verführten ein Gefühl des totalen Verlusts ihrer Identität. Daraus konnten sie sich anscheinend nur mithilfe einer Art Amnesie retten. Ihre Irrtümer und Fehler einzugestehen, das war ungeheuer schwer, wenn nicht gar unmöglich.

„Habe ich denn alles falsch gemacht?“, jammerte mein Vater verzweifelt und verärgert, als ich ihn einige Jahre nach Kriegsende um Aufklärung bat, warum er Parteimitglied geworden war. Meine Mutter sah für sich keine Notwendigkeit und keinen Reiz darin, in die Partei einzutreten, obwohl Karlheinz, ein junger Nazi-Nachbar, sie unter Druck setzte. Sie weigerte sich standhaft, und doch litt sie nun am meisten unter der Entnazifizierung. Die Frau des Bruders war eine intrigante, ziemlich hässliche Klatschtante. Sie machte meiner hübschen, jungen Mutter das Leben schwer. Mein Vater hatte leider nicht die Zivilcourage, sie vor den Schikanen der Verwandten zu schützen. Das kränkte sie sehr und machte sie oft krank. Einmal wollte ich als kleines Mädchen meiner Mutter helfen, indem ich von der Treppe herunter die Tante anschrie: „Du blödes Weib!“

Schlimm war, dass es nur ein Klo in diesem Haus gab. Es befand sich in einem kleinen Vorbau der Haustür gegenüber und war eiskalt im Winter. Ein Waschbecken gab es auch nicht darin. Dieses wichtige Örtchen wurde also von neun Menschen aufgesucht. Der älteste Sohn des Onkels war nämlich verheiratet und wohnte mit seiner Frau ebenfalls im Haus. Mir ist immer noch schleierhaft, wie wir zurechtgekommen sind. Schließlich mussten wir morgens alle früh aufstehen.

Noch heute habe ich wiederkehrende Albträume, dass ich keine Toilette finde oder dass sie total verschmutzt ist. Mein kleiner Vetter hinterließ das Örtchen nämlich immer in unsäglichem Zustand. Ein großer Vorteil war allerdings, dass es eine Wasserspülung gab. Wir gehörten nämlich zu der etwas privilegierteren Klasse der mittleren Angestellten. Die Arbeiterhäuser hatten nur Plumpsklos außerhalb des Wohnbereichs. Die Eltern meines Vaters zogen elf Kinder in einem Arbeiterhaus groß. Der Großvater hatte ursprünglich einen selbstständigen Anstreicherbetrieb, machte aber Pleite (weil er – laut meinem Vater – die Wandergesellen auch im Winter, wenn es kaum Arbeit gab, behielt und durchfütterte) und fing notgedrungen als Arbeiter bei der Grube an.

Wenn ich meine Großmutter besuchte (den Großvater habe ich nicht mehr kennengelernt, weil er mit 59 Jahren starb), ging ich besonders gern aufs Plumpsklo. Es klatschte so schön in der Tiefe, und den Geruch fand ich interessant. Einmal entdeckte ich dort ein altes Schullesebuch meiner Tante Else (anstelle von Toilettenpapier). Das riss ich mir unter den Nagel und habe es noch heute im Bücherregal stehen. Der Inhalt hat mich als Kind fasziniert. Als die Kinder dieser Großfamilie klein waren, liefen sie auch draußen nur mit einem Hemdchen bekleidet herum. Das war praktisch, weil man dann keine Windeln und nassen Höschen wechseln musste.

Die kleinen, unwichtig erscheinenden Beschwerlichkeiten machen uns oft am meisten zu schaffen. Ich bin mir natürlich gleichzeitig dankbar bewusst, dass unsere Familie ein unverschämtes Glück hatte. Niemand war im Krieg geblieben, ja nicht einmal verwundet oder ausgebombt worden. Auch ernährungstechnisch mussten wir nicht allzu große Not leiden, weil wir große Gärten hatten.

Die Tatsache, dass ich eine weiterführende Schule besuchte, war durchaus nicht selbstverständlich in unserem Dorf. Nur einer Handvoll Kindern meines Jahrgangs wurde dies ermöglicht.

Ich durfte also täglich mit dem Zug 15 Kilometer weit zur Mittelschule (Realschule) nach Saarbrücken fahren. Bahnhöfe gab es in den Nachbarorten Merchweiler und Quierschied. Busse verkehrten im ersten Jahr noch nicht. Daher blieb mir mit elf Jahren nichts anderes übrig, als rund drei Kilometer (je hin und zurück) zu Fuß zu laufen. Um sechs im Dunkeln bei jedem Wetter mit unpassender Kleidung und mangelhaftem Schuhwerk machte ich mich auf den Weg.

Trotz all dieser Widrigkeiten darf man nicht denken, wir wären unglückliche Jammerlappen gewesen. Wir kannten es schlichtweg nicht anders oder nahmen die Gegebenheiten hin und freuten uns unseres Lebens, so gut wir konnten.

Mit diesen Erinnerungen möchte ich den jungen Menschen, die heute Probleme haben, Mut machen. Mit Bescheidenheit und Fantasie kann man auch mit wenig Geld fröhlich sein.

Nun könnte man meinen, nach unserem anstrengenden, kargen Alltag hätten wir wenigstens einmal im Jahr einen erholsamen Urlaub an einem Meeresgestade oder in den Bergen verdient. Aus heutiger Sicht ist das ja auch ganz selbstverständlich, doch uns kam ein solcher Wunsch überhaupt nicht in den Sinn. Das Wort *Urlaub* war ohne reale Bedeutung für uns. Schulferien gab es natürlich, und die verbrachten wir in unseren Gärten, Höfen und Wäldern.

Das Meer habe ich zum ersten Mal im Alter von 21 gesehen. Im dritten Jahr meiner Banktätigkeit hatte ich endlich so viel Geld gespart, dass ich mutterseelenallein für zwei Wochen (mehr Urlaub hatte ich ja nicht) mit dem Zug nach Rimini fahren konnte. Ich traf am frühen Morgen dort ein und nahm mir am Bahnhof eine Kutsche, um stolz damit vor dem bescheidenen Hotel vorzufahren. Der Preis für die Pferde war allerdings eigentlich unvereinbar mit meinem Budget. Zu so früher Stunde war das Hotel noch zu und ich setzte mich müde und ergeben neben meinen Koffer auf ein Mäuerchen, bis sich das Tor öffnete. Als ich das weite, blaue Meer zum ersten Mal erblickte, war ich überwältigt. Diese Erfahrung hatte ich nun meiner Mutter voraus. Mein Vater war während seiner Soldatenzeit schon einmal an der Nordsee gewesen.

Das Klo gegenüber der Haustür bot mir nebenbei einen Vorteil. Nach dem Mittagessen – wenn ich schulfrei hatte – war es meine Aufgabe, das Geschirr zu spülen. Ich hasste das, zumal es damals keine Spülmittel gab und das Wasser in einem Kessel auf dem Kohlenherd erhitzt werden musste. Deshalb verdrückte ich mich manchmal zuerst einmal aufs Klo. Von dort zwängte ich mich dann durchs winzige Fensterchen zum Hof und traf mich mit den Nachbarskindern, die schon draußen spielen durften und anscheinend nicht spülen mussten.

Zu diesen Grubenhäusern gehörten sehr große Gärten mit vielen Obstbäumen und Beerensträuchern. Während der Hungerjahre nach dem Krieg bekamen wir dadurch im Sommer immer genug Vitamine. Das Gemüse, das mein Vater anbaute, war allerdings nicht besonders appetitlich. Die Möhren waren zum Beispiel regelmäßig von Würmern durchfressen. Das lag wohl am Dünger. Der kam nämlich aus der Jauchegrube der Klos (die Bezeichnung *Toiletten* wäre zu elegant). Mit kleinen Eimerchen an langen Holzstangen schöpfte man die stinkende menschliche Gülle in Eimer, um sie auf die Gartenbeete auszubringen. Mein Vater erzählte uns gern die Geschichte von dem Kind, das einst ins Jaucheloch gefallen war und von ihm gerettet wurde.

Dass wir nichts anderes kannten als unser bescheidenes Dasein, stimmt auch nicht ganz. Der Vater meiner besten Freundin Marianne war Betriebsdirektor bei der Grube und wohnte mit seiner Familie in einer Villa mit Park. Jedes Kind hatte sein eigenes Zimmer. Zusätzlich gab es ein Extraspielzimmer und natürlich auch ein Bad. Ich liebte das großzügige Haus mit den vielen Spielsachen und war fast täglich Gast in diesem Luxus. Ich war nicht etwa neidisch, sondern fühlte mich richtig zu Hause dort.

Der Vater kam nach dem Krieg für einige Zeit ins Gefängnis. Bei der Grube müssen Unterschlagungen im Zusammenhang mit den freiwilligen russischen Bergarbeitern vorgekommen sein. Diese Russen waren mit Familie nach Deutschland gekommen, weil sie keine Kommunisten sein wollten. Wir „Hinterwäldler“ fanden diese Menschen exotisch. Sie lebten in Baracken hinter einem Zaun außerhalb des Dorfes. Sonntags pilgerten wir dorthin, um „Russen zu gucken“, als wären sie wilde Tiere im Zoo. Ich erinnere mich noch an ihre Kinderwagen. Sie waren sehr hoch, wie es später nach dem Krieg auch bei uns Mode wurde. Lebensmittel, die für die Russen bestimmt waren, verschwanden. Und so ging es den Emigranten schlecht. Ob der Vater meiner Freundin in den Skandal verwickelt war, weiß ich nicht. Frau und Kinder wirkten nicht besonders traurig während seiner Abwesenheit. Und die Villa mussten sie auch nicht verlassen. Irgendwann war er dann zurück und nahm seine Tätigkeit bei der Grube wieder auf.

Sogar sonntags ging ich oft mit der Familie meiner Freundin spazieren. Als uns meine Eltern einmal im Wiesental begegneten, waren sie etwas befremdet und meinten später zu Hause: „Spazieren gehen kannst du in Zukunft auch mit uns. Und überhaupt kommt deine Freundin nie zum Spielen in unsere Wohnung. Sag ihr das.“ Was ich folgsam tat. Es änderte sich trotzdem nichts. Marianne hatte wahrscheinlich keine Lust, bei uns in der Küche mit meiner Puppenstube zu spielen. Der Rat meiner Eltern bewog mich schließlich, meine Besuche in der Villa einzustellen. Sie hatten ja recht. Ich war ebenfalls nicht zufrieden damit, dass meine Freundin nie zu uns kam. Ihrer Mutter tat es leid. Sie hatte es immer gern gesehen, dass ich die Freundin ihrer Tochter war.

Als wir dann ab dem elften Lebensjahr nach Saarbrücken zur Schule gingen – sie aufs Gymnasium und ich auf die Mittelschule –, hatten wir uns sowieso nicht mehr viel zu sagen. Natürlich sahen wir uns noch im Zug. Ich bemühte mich schon früh um ein gesittetes, erwachsenes Benehmen (zum Beispiel bei der Art, im Zug zu sitzen), während sie sich noch ein wenig albern wie ein Kind auf die Bank fläzte. Das gefiel mir nicht. Ich dagegen machte eine Phase durch, während der ich gar nicht mehr wusste, wie ich ungezwungen sitzen und gehen sollte, weil ich mich selbst zu viel beobachtete. Beim Gehen fand ich es zum Beispiel langweilig, beide Arme einfach schlenkern zu lassen. Oder beim Sitzen im Zug legte ich eine Hand in den Schoß und die andere neben mich auf die Tasche. Ich wollte immer etwas asymmetrische Abwechslung in meine Körperhaltung bringen und dachte, dass jeder mich beobachten würde. Heute kommt mir das ziemlich blöd und egozentriert vor. Vielleicht haben andere junge Menschen ja ähnliche Probleme in der Pubertät. Manchmal fragte ich meine Mutter: „Wie bin ich denn eigentlich?“, und sie antwortete: „Sei einfach natürlich.“ Ich wusste aber nicht, wie das ging.

Als ich etwas älter wurde und mit 16 einen Tanzkursus besucht hatte, wuchsen sich diese Unsicherheiten allmählich aus. Ich übte das Schreiten wie ein Mannequin mit einem Buch auf dem Kopf, indem ich die Füße voreinander setzte und nicht breit auseinander. Das fand ich unmöglich. Wenn ich stand, stellte ich den linken Fuß gerade und den rechten etwas schräg dahinter. So kaschierte ich meine leichten O Beine.

Was mein Äußeres anbetraf, war ich sehr selbstkritisch. Jeden Tag entdeckte ich etwas anderes, das mir nicht an mir gefiel. Viel Zeit verbrachte ich vor dem Spiegel. Auch unterwegs musste ich immer mal wieder mithilfe des Handspiegels das richtige Gesicht aufsetzen, kontrollieren und Pickel mit einem amerikanischen Abdeckstift betupfen. Manchmal fand ich mich dann wieder einigermaßen hübsch und freute mich, wenn mir die Männer anerkennend nachschauten oder pfiffen. Ich begann sehr jung damit, mein Gesicht zurechtzumachen, weil ich die Akne überschminken musste und ich mich sonst auch zu ausdruckslos fand.

An regnerischen Sonntagen zu Hause war ich ziemlich gelangweilt und deprimiert, weil nichts passierte und ich im Dorf auch keine Freundin mehr hatte. Ewig hockte ich zu Hause bei meinen Eltern und drehte am Radio herum, aus dem selten Musik kam, die mir gefiel. Sonntagnachmittags gab es immer nur populär-klassische Musik. Die konnte ich nicht ausstehen. Noch heute erinnere ich mich an dieses frustrierende Gefühl. Es war wie in dem Popsong „Lemon Tree“ von Fools Garden.

Ein Lieblingsschlager meiner Jugend war zum Beispiel: „Ich war ein Mädchen tugendsam, ein Blümlein, rühr’ mich nicht an, so lange, bis mein Friedrich kam, der wunderschöne Mann. Er hat um mich geworben, ich bin fast vor Wonne gestorben, und dann kam, wie es kommen musst’, der erste zarte Kuss. Wenn das die lieben Eltern wüssten, auwei, auwei, auwei …“ und so weiter. Ich sang ihn mit Begeisterung.

Auch Bully Buhlan gefiel mir sehr gut. Er sang unter anderem: „Ham Se nich, ham Se nich, ham Se nich ’ne Braut für mich? Ja, ja, ja, wir ham schon eine da. Eine, die mir gefällt mit ’nem großen Haufen Geld, ja, ja, ja, wir ham schon eine da. Sie muss chic sein, nicht zu dick sein, mit viel Zaster, keine Laster, nicht zu müde, nicht zu prüde, kurz und klein, sie muss ein Engel sein.“ Ich wäre gern der Engel gewesen.

Ein paar Jahre später zerschlugen die Konzertbesucher vor Begeisterung die Stühle, wenn Bill Haley mit „Rock Around the Clock“ auftrat. Auch ich sprang herum wie eine Tarantel, sobald diese Klänge einsetzten. Dabei konnte ich gar nicht richtig Rock ’n’ Roll tanzen. Das hatten wir nämlich noch nicht im Tanzkurs von Herrn Euschen gelernt. Ich war so brav, dass ich immer noch die Vorschriften unseres Tanzlehrers beherzigte. Eine Dame durfte auch während des Tanzens der Band keinen Beifall klatschen. Das war unfein. Weil ich fein sein wollte, hielt ich mich daran, bis ein Tanzpartner mich einmal erstaunt fragte: „Gefällt dir die Musik denn nicht?“ Auch die Beine übereinanderzuschlagen, war verpönt. Eine elegante Frau stellte die Beine parallel etwas schräg zur Seite geneigt nebeneinander. Das führte uns die Tochter des Tanzlehrers vor. Damals trug man allerdings noch keine Miniröcke, die einen indiskreten Einblick hätten ermöglichen können, ohne festes Übereinanderschlagen der Oberschenkel.

Später – als verrückte Alte – schwärmte ich für Peter Freudenthaler, Volker Hinkel und die anderen jungen Männer von Fools Garden. Ihnen habe ich 1996 sogar einen Fanbrief geschrieben, und Peter Freudenthaler antwortete handschriftlich mit diesen süßen Zeilen:

Liebe Frau Guthörl,

vielen Dank für Ihren netten Brief, über den wir uns alle sehr gefreut haben, zumal es sehr selten vorkommt, dass wir von „älteren" (zahlenmäßig versteht sich!) Menschen solche schönen Komplimente bekommen. Das ehrt uns sehr. Leider habe ich momentan nicht die notwendige Zeit alle Ihre Fragen zu beantworten, da ein Riesenstapel Fanpost vor mir auf dem Tisch liegt, der bearbeitet werden muss. Ich hoffe, Sie sind nicht allzu enttäuscht darüber. Vielen Dank auch für das nette Gedicht über die „Honigbiene".

Alles Gute für Ihr weiteres Leben und herzliche Grüße.

Ich fühlte mich ebenfalls sehr geehrt, dass ein Sänger, der gerade einen Hit verkraften musste, noch Zeit fand, an eine ältere Dame zu schreiben. Schade finde ich allerdings, dass sie im Fernsehen immer nur „Lemon Tree“ singen dürfen. Ich finde die ganze erste CD besonders gelungen, weil die Songs musikalisch und poetisch sehr originell sind. Mir gefallen „Ordinary Man“, „Meanwhile“, „Pieces“, „Take Me“, „Wild Days“, „The Seal“, „Autumn“, „The Tocsin“, „Finally“, „One Fine Day“ mindestens genauso gut wie „Lemon Tree“.

In meinen frühen Jahren beherrschte ich alle Schlager. Jetzt fällt mir kaum noch einer ein. Ein absoluter Genuss war es für mich, sonntagmorgens im Bett zu liegen mit dem Radio auf dem Nachttisch. Doch ich konnte es nur ein einziges Mal ausprobieren, da es mein Vater nicht erlaubte. Das Radio hatte immer am angestammten Platz oben auf dem Küchenschrank zu stehen. Um es einzustellen, musste ich auf den unteren Teil des Schrankes klettern. In dieser unbequemen knienden Position verharrte ich sehr oft, weil mehr Rauschen als Musik aus dem billigen Kasten nur mit Mittelwelle kam. Ich verstand nie, warum mein Vater so kleinlich war und mir diese kleine Freude nicht gönnte. Dafür malte er mir Fleißkärtchen, die ich in den ersten Volksschuljahren für gute Noten geschenkt bekam. Ich war auch ziemlich stolz darauf. Später wurde ich dann ein Fan von „Radio Saarbrücken“. Ich kannte alle Sprecher und Sprecherinnen mit Namen. In der Schule schrieben wir einmal einen Aufsatz über „Radio Saarbrücken“. Dafür wurde ich von der Lehrerin besonders belobigt. Sie wunderte sich, dass ich so viele Namen kannte. Noch heute liebe ich das Kulturradio von Saarbrücken.

An den zähen, ereignislosen Sonntagnachmittagen kam es mir fast vor, als würde sich mein Leben bis zum Ende nie mehr ändern, so als hätte ich es bereits verpasst. Dann wiederum dachte ich: Der liebe Gott hat mir ein so schönes, bedeutungsvolles Geburtsdatum (26.06.1936) geschenkt; er wird mich jetzt schon nicht einfach hängen lassen. Immer wieder gelang es mir, mit seiner Hilfe aus der Niederung erneut in die Höhe zu steigen.

Auch mit Lesestoff war es schlecht bestellt bei uns zu Hause. Ich las sehr gern und hatte bald alle Bücher durch, die in unserem kleinen Wohnzimmerschrank standen, einschließlich der Bergmannskalender. Daraus bezog ich meine Kenntnisse, um in der Schule eine Jahresarbeit mit dem Titel: „Die Kohle" fürs Abschlusszeugnis zu schreiben.

Die katholische Kirche betrieb eine Leihbücherei. Dorthin rettete ich mich schließlich nach Überwindung einiger Hemmungen und Vorbehalte als evangelisch Getaufte. Natürlich waren die Bücher reine Missionierungs- und Erbauungsliteratur. Ich erinnere mich sehr gut an einen Schriftsteller namens Herchenbach. Er hatte eine ganze Serie von frömmelnden Geschichten verfasst. Ich las sie alle, obwohl ich sie unheimlich kitschig fand. Zum Katholizismus wurde ich nicht durch sie bekehrt.

Einige Jahre später entdeckte ich auf dem Speicher unseres Grubenhauses eine ganze Kiste voller Heftchenromane, die den Leuten gehörten, die unter uns wohnten. Ich verschlang sie alle. Vielleicht bin ich dadurch während meiner Jugend so naiv-romantisch und gutgläubig geworden.

Je mehr ich schreibe, desto bewusster wird mir, wie sehr ich schon als Kind die Wörter geliebt habe. Eine Zeitlang verfolgten sie mich regelrecht. Auf der Straße musste ich immer wieder alles, was mir auf dem Weg begegnete, lesen, hundertmal dasselbe. Es wurde richtig zwanghaft und ging mir selbst auf die Nerven. Kam es etwa daher, weil mir nicht genug Förderung zuteilwurde und mein Lesebedürfnis nicht die richtige Nahrung fand?

Bis 1959 waren die leitenden Positionen der Grube, wie gesagt, von Franzosen besetzt. Es war eine ganz fidele Zeit, nachdem das Angebot in den Geschäften etwas reichhaltiger wurde. Im Saarland ging es uns materiell schon besser, während im übrigen Deutschland die Währungsunion noch bevorstand. Die Franzosen hatten Sinn für Kultur und Amüsement. Unter ihrer Ägide wurde eine prächtige Festhalle in Göttelborn erbaut. Die Grube trug auch die Kosten des Unterhalts. Damals florierte der Kohlebergbau und brachte gute Gewinne. Ohne diesen Bodenschatz hätte sich Frankreich wohl kaum so intensiv für meine Heimat interessiert.

In der Rückschau finde ich es gut, dass das Saarland für einige Zeit wirtschaftlich zu Frankreich gehörte. So wuchs ich sozusagen fast in zwei Kulturen auf. Französische Kunst und Musik waren mir immer nah. Im Radio hörte ich meist französische Sender, und in der Schule war Französisch die erste Fremdsprache. Was allerdings nicht der Wahrheit entsprach, war, dass wir sowieso besser Französisch als Deutsch sprachen. Manche Leute haben mich das später gefragt. Sie haben das Saarland wahrscheinlich mit Lothringen verwechselt. Alltagskonversation übte man wenig an unserer Schule. Die Saarländer waren oft bessere Deutsche als diejenigen anderer Bundesländer. Schließlich haben sie ja auch zweimal – nach dem Ersten und Zweiten Weltkrieg – für den Wiederanschluss an Deutschland abgestimmt. Trotz aller Sympathie für Frankreich habe ich mich nie französisch gefühlt.

Um die Festhalle mit Leben zu erfüllen, gründeten die rund 2000 Einwohner unseres Dorfes einen Verein, die „Musik- und Unterhaltungsgesellschaft“, abgekürzt MUG. Mehrmals im Jahr wurden große Bälle veranstaltet: Silvesterball, Karnevalsbälle, Frühlingsball und Sommernachtsball mit Feuerwerk im Konzertwald. So heißt der Park, in dem die Halle steht. Inzwischen ist das jedoch Geschichte.

Es gab auch Gastspiele der Landesbühne und bunte Abende mit Conférenciers und Schauspielern des Stadttheaters Saarbrücken. Noch heute sehe ich den Schauspieler Helmut Schmid, der später Liselotte Pulver heiratete, vor mir und erinnere mich an den Gag, den er erzählte. Er war im ersten Theaterengagement in Saarbrücken, sehr jung und blendend aussehend. Ich war hingerissen. Rund 60 Jahre sind seitdem ins Land gezogen. Er zeigte mit seinen beiden Händen, wo knapp unter der Brust ein Herrenhemd endete, nachdem der untere Teil immer wieder abgeschnitten worden war, um den zerschlissenen Kragen zu ersetzen. Wir lachten sehr, weil wir alle ähnliche Erfahrungen hinter uns hatten.

Meine Mutter war Weißnäherin, und mein Vater erzählte jedem stolz: „Meine Frau näht mir die Hemden selbst." Wer in und nach dem Krieg nähen konnte, war fein heraus. Trotz unserer Armut war ich immer chic angezogen, besser als meine Freundin, die Direktorentochter. Deren Mutter anerkannte das lobend. Sie hatte im Gegensatz zu meiner Mutter als junges Mädchen keine ausbeuterische Nählehre absolvieren müssen.

Im Saarland konnte man bald wieder preiswerte Stoffe aus Frankreich kaufen. Mit Begeisterung studierten meine Mutter und ich die ersten Modezeitschriften. Dior schwelgte in viel Stoff. Der New Look propagierte Wespentaille und lange, weite, schwingende Röcke. Ich rädelte die Schnittmuster aus (das „Constanze"-Modeheft war damit ausgestattet), legte die Kopien auf den Stoff, schnitt und reihte den Rohbau zusammen. Meist hingen die Kleider zuerst noch sackartig an mir herunter. Gleich an meinem Körper schnippelte Mutter daran herum, bis das Ding einigermaßen saß. Die Passformen der Schnittmuster ließen noch zu wünschen übrig. Mutter saß dann mit gebeugtem Kopf einige Tage an der Nähmaschine. Wenn ich ihr ins Handwerk pfuschen wollte, wurde sie leicht ungehalten. Warum, verstand ich nie ganz, schließlich musste *ich* das Stück nachher anziehen. Das wollte sie wohl doch besser können als ich, auch wenn sie nur die Volksschule besucht hatte. Solch kleine Irritationen gingen jedoch schnell wieder vorbei. Meist waren wir ein Herz und eine Seele. Das Nähteverputzen und Saumnähen waren dann wieder meine Domäne. Falls die Taille am Ende immer noch zu weit war, wurde sie einfach mit einem elastischen Gummigürtel zusammengehalten.

In der Höheren Handelsschule, die ich vom 17. bis 19. Lebensjahr besuchte, stellte ein Lehrer einmal die Frage: „Wer ist die Schickste in der Klasse?“ und antwortete selbst, indem er meinen Namen nannte. Das schmeichelte mir natürlich. Ich träumte davon, Mannequin zu werden, obwohl ich nur 1,60 Meter klein war.

Zu der damaligen Zeit kleideten sich junge Mädchen noch nicht flippig-sportlich wie heute. Man wollte möglichst erwachsen und elegant aussehen. Ich liebte auch superweite Dekolletés und hohe, spitze Absätze (sobald sie in den Schuhläden verkauft wurden). In allen Frauenillustrierten stand, dass Sex-Appeal für den Erfolg einer Frau wichtig wäre. Heute, in meinem fortgeschrittenen Alter, ziehe ich mich jugendlich-lässiger an als damals. Außerdem muss ich nicht mehr mit weiblichen Reizen locken.

Hosen waren bei Frauen vor 50 Jahren noch nicht so gern gesehen. In vielen Firmen waren sie sogar verboten. Ich wundere mich heute selbst, dass ich zwischen 1955 und 1959 in der französischen Nationalbank BNCI, wo ich nach der Schule vier Jahre arbeitete, in einer hautengen karierten Hose im Kassenraum sitzen durfte. Da ich sehr schlank und zierlich war, wirkte diese Aufmachung nicht aufreizend. Oder doch? Der Abteilungsleiter war nämlich verliebt in mich. Ich flirtete mit ihm, war aber froh, dass er verlobt war. Er war nicht mein Typ, und außerdem hatte ich noch ein großes Freiheits- und Abenteuerbedürfnis. Als er dann verheiratet war und seine Frau ein Kind erwartete, sah er mich immer noch verliebt an. Eines Tages fragte er mich doch tatsächlich: „Wenn meine Frau bei der Geburt stirbt, heiratest du mich dann?“ Das fand ich ziemlich krass. Sie starb nicht, aber nach einem Jahr starb sein kleiner Sohn an Leukämie.

Ich hatte inzwischen bei der Bank gekündigt, um als „mother’s help“ nach England zu gehen und die Englischprüfung für Ausländer der Universität Cambridge zu bestehen. Als das

Baby starb, war ich schon wieder zu Hause und noch arbeitslos. Mein ehemaliger Kollege wusste, wo meine Eltern wohnten, und kam vorbei, um mir von dem Unglück zu erzählen. Jahre später hatte er beruflich in Luxemburg zu tun. Er wusste durch einen Freund, dass ich bei der Europäischen Hohen Behörde gelandet war, und rief mich im Büro an, um zu fragen, ob wir uns treffen könnten. Ich ging also mit ihm essen, und er gestand mir, dass ich von jeher seine große Liebe war. Das rührte mich, aber erwidern konnte ich diese Liebe jetzt noch weniger. Er hatte sich äußerlich sehr verändert und wirkte mit kaum 50 Jahren schon wie ein gesetzter älterer Herr. Es war aber mehr sein Charakter, der mir nicht gefiel.

Ein anderer Kollege in der Ausbildung bei der Bank war von meiner weiblichen Ausstrahlung und Aufmachung weniger beeindruckt, wie es schien. Er sagte doch tatsächlich zu mir: „Mit Ihnen würde ich nicht bis zum Bahnhof gehen!“ Meine anderen Kollegen hörten mit und waren verdutzt. Diese Unfreundlichkeit hatte ich allerdings mehr oder weniger verdient, weil ich nämlich einmal zu einem anderen Lehrlingskollegen gesagt hatte: „Sie würde ich nicht einmal heiraten, wenn Sie der einzige Mann auf der Welt wären.“ Das hatten andere ebenfalls mitgehört und gestaunt. Letzterer Kollege war aber auch nicht ganz ohne. Er hatte mich kurz zuvor durch seine Einmischung in meine Kompetenzen einem Kunden gegenüber sehr verärgert. Daraufhin sagte ich ihm lautstark im Kassenraum die Meinung, woraufhin er verblüfft erwiderte: „Ich wusste gar nicht, dass Sie so böse werden können!“ Tja, so hat sich schon manch einer geirrt, der in mir nur das „schüchterne, liebe Mädchen“ sah.

Die Bälle in unserer Festhalle (St.-Barbara-Halle) waren weit und breit berühmt. Sogar aus der Hauptstadt Saarbrücken verirrten sich Kavaliere in unser Nest. Einmal forderte mich ein Typ zum Tanzen auf, der aussah wie ein Zuhälter. Vielleicht suchte er Nachschub für seinen Stall. Ich fand ihn ziemlich exotisch und irgendwie interessant, ließ mich aber nicht abschleppen. Außerdem waren ja meine Eltern nicht weit. Jedes Mal wenn ich einen jungen Mann, der mir nicht gefiel, nicht mehr loswurde, sagte ich: „Ich muss jetzt mit meinen Eltern nach Hause gehen." Wie man sich vorstellen kann, waren die Herren danach nicht sehr gut auf meine Eltern zu sprechen.

Die Tanzveranstaltungen wurden nicht nur von jungen Leuten, wie heute die Discos, besucht. Ganze Familien, bis hin zu den Großeltern, fanden sich ein. Die gesetzteren Jahrgänge nahmen an den Tischen rings um die Tanzfläche Platz, und die Jugend tanzte bis in den Morgen hinein. Oft war es so voll, dass man nicht umkippte, wenn man sich fallen ließ. Die Menge wogte im Gleichklang hin und her, als wäre sie ein Körper. Ich erinnere mich gut an dieses Gefühl, besonders an Karneval, wenn auch noch – wie aus einer Kehle – die bekannten Karnevalschlager geschmettert wurden. Morgens war man dann völlig erledigt und spürte die eigenen Füße in den Stöckelschuhen kaum noch. Doch man ließ sich glücklich ins Bett fallen, und im Kopf drehte es sich weiter. Daran hatte natürlich auch der Alkohol seinen Anteil. Ich erinnere mich, wie ich einmal beschwipst immer wieder sang: „Mucki, mein Schnucki, tanzen wir noch einmal Boogie-Woogie, Mucki, mein Schnucki, legen wir 'ne Sohle aufs Parkett, sonst geht Klein Erna ins Bett."

Mein zweiter Name ist nämlich Erna. Dazu fuchtelte ich mit den Händen und warf die Weingläser auf dem Tisch um. Mein schüchterner Vetter Ingo, der mir gegenüber saß, machte große Augen.

An Karneval tanzte man mindestens vier Tage hintereinander. Das Dorf war im Rhythmus vereint. Man hatte ja so selten Gelegenheit, sich ein wenig auszutoben. Vier Bälle im Jahr waren ziemlich bescheiden (Karneval zähle ich als einen Ball). Andere Tanzvergnügen existierten damals in unserer Gegend nicht. Discos waren noch nicht erfunden. Außerdem gab es Transportprobleme. Kaum jemand konnte sich ein Auto leisten, Taxis waren zu teuer und Busse verkehrten nur sporadisch, um zur Arbeit oder zur Schule zu gelangen. Jedes Mal hoffte man, auf einem Ball den Mann oder die Frau fürs Leben zu finden. Diese Bälle waren eine Art Heiratsmarkt. Auch ich machte eine ganze Reihe von Bekanntschaften. Doch der Richtige war nicht darunter.

Karneval war ebenfalls eine Gelegenheit für verheiratete Paare, nicht ganz treu zu sein. Sogar die Kirche sah großzügig darüber hinweg. Meine Mutter nutzte die Gelegenheit, um ihre Jugend nachzuholen. Sie hatte bereits mit 20 geheiratet. Aus einer Großstadt im Ruhrgebiet kommend, heiratete sie 1935 ins 2000-Seelen-Industrienest und lebte fortan isoliert mit einem nicht besonders großzügigen Mann, dessen Bruder ein Jahr davor ihre ältere Schwester geheiratet hatte. Die Ehe war also mehr oder weniger „gestiftet“ worden. Meine Mutter hatte keine andere Wahl, als – so schnell wie möglich – den ersten seriösen, halbwegs sympathischen Mann, der sie versorgen konnte, zu heiraten. Mit dem Verdienst einer Weißnäherin hätte sie sich nicht selbst ernähren können. Ihre Mutter starb, als sie sieben war, und der Vater kam mit Lungentuberkulose aus dem Ersten Weltkrieg zurück. Seinen erlernten Beruf – Gutsverwalter – konnte er nicht mehr ausüben und musste als ungelernter Arbeiter bei der Bahn (wenn er nicht krankgeschrieben war) sein karges Leben fristen und fünf Kinder ernähren. Nach dem plötzlichen Tod seiner Frau blieb ihm nichts anderes übrig, als eine entfernte Cousine, die eine perfekte Damenschneiderin war, zu heiraten. Diese war mit Anfang 40 bereits eine verblühte sogenannte „alte Jungfer“. Mein Großvater war trotz seiner Krankheit immer noch ein schöner Mann, und er gefiel ihr. Zu den Stiefkindern sagte sie später: „Ich habe euren Vater nicht wegen euch geheiratet. Er hat mir gefallen.“

Das kann man ihr auch nicht verdenken. Das jüngste Kind war drei und das älteste Mädchen 14 Jahre alt. Im Übrigen hatte sie nur unter der Bedingung geheiratet, dass sie ihre Rentenbeiträge als Näherin vom knappen Verdienst meines Großvaters weiter bezahlen konnte, obwohl sie ihren Beruf nicht mehr ausübte. So war sie im Alter recht gut versorgt. Leider ist sie auf dem Weg zur Kirche von einem jungen Türken mit dem Auto tödlich überfahren worden. Sie war selbst schuld, weil sie zu schnell hinter einem parkenden Auto hervorgeschossen war. Der arme junge Mann bekam einen Schock. Er schluchzte und weinte und rief immer nur: „Omachen, Omachen!“ Vermutlich war er für sein Leben traumatisiert, weil sie nicht aufgepasst hat.

Meine Mutter wollte so schnell wie möglich das Elternhaus verlassen, um frei ihr eigenes Leben zu führen. Die Freiheit stellte sich dann als eine neue Abhängigkeit heraus. Die Stiefmutter war intrigant und der Vater übertrieben streng, weil er fürchtete, die Töchter könnten mit einem unehelichen Kind nach Hause kommen. Er muss wohl an sich selbst gedacht haben. Seine Frau hatte ihr erstes Kind auch schon vor Ablauf von neun Monaten nach der Hochzeit auf die Welt gebracht. Als seine Kinder ihn später darauf ansprachen, antwortete er: „Daran war eure Mutter schuld.“ Besonders mutig finde ich diese Aussage nicht, zumal sich seine Frau nicht mehr verteidigen konnte. Der Mut meiner toten Großmutter hingegen schien ausgeprägter gewesen zu sein. Großvater erklärte nämlich meinem Vater, als dieser um die Hand seiner Tochter anhielt: „Die Mutter deiner zukünftigen Frau war eine sehr mutige Frau. Sie wäre dem Teufel vor die Küchentür gegangen.“ Es kommt mir so vor, als hätten die Frauen unserer Familie mehr Mumm gehabt als die Männer. Von meiner Mutter habe ich vier Briefe ihrer Mutter geerbt. Meine Großmutter, die in Dortmund lebte, hat sie im Ersten Weltkrieg an ihre Schwester Lieschen in Sobernheim an der Nahe geschrieben. Da sie ebenfalls ein Zeugnis davon sind, wie schwer es die Menschen damals hatten, füge ich sie diesem Text bei:

Eckweiler, 13.1.15

Liebe Schwester!

Deine Karte heut Mittag erhalten, woher weißt Du denn schon von Karl [Bruder]? Wir wissen auch nichts Bestimmtes, der Kehreins-Franz schrieb, dass er nicht zur Einheit zurückgekehrt ist, seit dem 3. Januar. Spurlos verschwunden, weiter wissen wir auch gar nichts. Ist er jetzt verwundet oder gefangen? Gott weiß es alleine. Er schrieb, tot könnte er nicht sein, da die Deutschen das Schlachtfeld geräumt hätten und ihn nicht gefunden haben. Aber wer kann da sagen, wie es auf einem Schlachtfeld zugeht, und so müssen wir in Geduld auf weitere Nachricht warten. Willi [Bruder] hat gleich an seinen Feldwebel geschrieben, aber wer weiß, ob der noch lebt.

Wenn Karl nur in deutschen Händen wäre, es könnte ja doch noch möglich sein, es wäre doch noch 10000 Mal besser als in der Gefangenschaft. Wir können nun nichts weiter tun, als für ihn beten, unser Gott und Herr kann ihn allein beschützen und ihm helfen. Diese Ungewissheit ist furchtbar, besonders für Mutter. Sie sitzt und guckt in ein Loch, man weiß garnicht, was man anfangen soll, und das Herz ist einem selber so schwer. Man meint, man hätte eine Last auf dem Herzen, ich hoffe ja noch …

Hier bricht der Brief ab.

Dortmund, den 20.9.15

Liebe Schwester!

Eigentlich sollte ich ja nicht schreiben, denn Du bist mir noch Antwort schuldig auf das Paket vom Gut oder hast Du es nicht erhalten? Nun ich weiß ja, dass Du auch wenig Zeit hast, also will ich nochmal schreiben. Habe von August eine Karte erhalten, wo er ja ein ganz strammer Soldat geworden ist, freute mich sehr darüber, hatte ihm auch gleich geantwortet und ihm ein Paketchen mit Rauchmaterial zugeschickt. Hoffentlich hat er es erhalten, habe ja nichts über für Rauchen, aber da muss man schon eine Ausnahme machen. Ich schicke auch Richards Brüdern, die draußen sind, öfters was, das macht ihnen doch immer etwas Freude und Abwechslung. Wie geht es denn bei Euch? Habt Ihr noch die Kühe alle? Wie gerne würde ich mich mal einige Stunden mit Dir verplaudern, aber leider klappt das nicht. Habe letzte Woche von Euern Kühen geträumt, ich sollte sie nämlich füttern, da verschaffte ich mich und wusste garnicht, was ich da machen sollte. Ich war doch froh, als ich wach wurde und es war nicht wahr. Uns geht es noch gut, Du wirst schon gehört haben, dass wir am 1. Juni ein drittes Mädel bekamen, Wilhelmine [meine Mutter] mit Namen. Es war ja wohl eine schwere Zeit für mich, aber es ist gut, dass alles vorüber geht. Körperlich wollte es auch garnicht so gut gehen mit mir dieses Mal. Ich war lange Zeit im Krankenhaus, da das Fieber garnicht nachlassen wollte. Die Kinder waren ja gut versorgt. Richards Kusine war hier bei ihnen. Die Doktoren wussten auch nicht, was es war, einen hörte ich sagen, das ist was ganz Geheimnisvolles. Als Richard kam und mich nach Hause mitnahm, da wurde es von selber besser. Nun fühle ich mich wieder ganz wohl, nur noch etwas müde. Wir gehen tüchtig spazieren und schlafen tue ich auch genug, denn die Arbeit ist ja zu bewältigen bei uns [bei vier kleinen Kindern!]. Die Hedwig und Gertrud ist sehr stolz mit der Kleinen, und Günther hat sich jetzt auch dreingefunden, dass er nicht mehr auf den Schoß kommt. Mangel brauchten wir auch noch nicht zu leiden, da Richard uns regelmäßig Geld schickt. Ihm geht es noch ganz gut, nur sehnt er sich auch nach Hause. Aber wer tut das nicht. Könnte man doch einmal ein Ende sehen in diesem Krieg. Aber ich glaube, es ist noch lange nicht Schluss. Auch das Ungewisse von Karl das zehrt an mir. Es vergeht kein Tag und Stunde, wo ich nicht an ihn denken muss. Einmal hoffe ich, und dann kann ich auf garnichts mehr hoffen und glauben. Wir müssen ja sagen, Herr dein Wille geschehe, aber es schmerzt immer wieder aufs Neue. Von Zuhause habe ich schon lange nichts mehr gehört. Hoffentlich sind sie dort noch gesund. Sie werden auch keine Zeit zum Schreiben haben. Unsere Gertrud die sehnt sich krank nach Onkel Willi. Sie weint oft die bittersten Tränen nach ihm. Nun will ich schließen und hoffe doch, dass ich bald etwas von Dir und den Kindern hören werde.

Mit den herzlichsten Grüßen an Euch alle,

Euer Minchen und Kinder.

Dortmund, den 10.3.16

Liebe Schwester!

Nun ist auch Dein Geburtstag da, und ich gratuliere Dir recht herzlich dazu, dass ich Dir das Beste wünsche für das neue Jahr und vor allen Dingen Gottes Beistand in allen Lagen, ist doch selbstverständlich. Ich denke soviel an Euch alle und an Eure Arbeit und Mühe. Hast Du denn das Vieh auch noch alle, ich würde es ganz anders machen, mehr für die Kinder und das Haus da sein, das andere ist zuviel für Dich und Deinen Körper, auf die Dauer und hat ja doch keinen Zweck. Wie gern möchte ich als mal bei Euch sein, auch ich fühle mich oft so einsam und verlassen, und die Gedanken kommen und gehen, man weiß nicht, was man zuerst denken soll. Wiewohl ich ja noch zufrieden sein kann, gegen so viele andere, und doch es kommen Stunden, wo ich verzweifeln könnte. Richard fehlt mir überall, er hat mir alles ersetzt früher, das kann ich so recht jetzt empfinden. August hat mir auch eine Karte geschrieben, werde ihm auch so bald als möglich ein Päckchen machen, bis jetzt war es mir unmöglich, bin schon vier Wochen nicht richtig in Ordnung, Influenza und so schreckliche Schmerzen im Kopf, wie ich es noch nie gehabt habe, und wir wohnen soweit von der Stadt, da wagte ich mich noch nicht heraus, bei dem schlechten Wetter. Den Kindern gehts noch gut, die Wilhelmine [meine Mutter] macht gute Fortschritte, bald wird sie laufen können. Wie ist es denn mit den Lebensmitteln bei Euch? Hier wirds täglich teurer und rarer. Manches ist ja auch gar nicht mehr zu haben, aber das wäre alles noch nicht so schlimm, wenn's mit dem Krieg doch bald zu Ende sein möchte, aber da ist alles dunkel vor unsern Augen. Wir wissen nicht, was Gott

mit uns vorhat, aber eins wissen wir, er legt nicht schwerer auf als wir tragen können.
Von Eckweiler höre ich sehr wenig, nur paar Worte, wenn sie mal Butter schicken, denn hier ist nichts mehr zu haben, auch kein Fett und Öl. Milch bekommen wir nun nur ein um den anderen Tag, aber man schickt sich schon in die Zeit. Die Stadt tut ja vieles. Es gibt Reis-, Butter-, Fett- und Kartoffelmarken.
Adam brauchst Du auch vorläufig gar nicht zu schreiben, sobald es wärmer wird, will ich mit den Kindern mal hin. Hedwig [älteste Tochter] ist auch wieder so weit, Jakob [Bruder] hat uns vor drei Wochen mal überrascht. Auf einer Dienstreise kam er hier durch und blieb eine Nacht. Wie habe ich mich doch gefreut darüber. Nur sind die Stunden so schnell vorüber. Heinrich [Bruder] war jetzt auf 14 Tage in Urlaub gewesen. Jakob hat ihn zu Hause getroffen. Wie ist es denn bei Euch mit der Unterstützung? Kannst Du denn zurecht kommen? Schreibe doch mal Näheres darüber. Ich hatte ja vor, diesen Sommer nochmals paar Wochen nach Hause zu kommen. Die Gertrud möchte noch einmal zu Onkel Willi, die hat noch immer Heimweh nach dort. Nun muss ich aber Schluss machen. Richard will ich auch noch schreiben. Sei denn recht herzlich gegrüßt und geküsst von

Deiner Schwester Minchen.

Die Kinder lassen auch grüßen.

Grüße auch die Kinder von uns allen. Frieda wird schon tüchtig helfen müssen.

Dortmund, den 18.2.17

Liebe Schwester!

Aus Deinem Briefe sehe ich auch wieder, dass Du Last und Sorge hast, aber wer hat die jetzt nicht, nur überall verschieden. Dass Du schon genug durchgemacht hast, weiß ich, man sollte doch bald meinen, August [der Mann der Schwester] würde das Wandern bald aufgeben, er sollte lieber an die Kinder denken, dass die zu ordentlichen Menschen werden, aber manche Menschen sind wie vernagelt, er hatte ja ein Bauerngut, da hätten sie arbeiten sollen, dass die Juden [die Juden waren damals die Geldverleiher] nicht alles einstecken konnten.

Wenn man sich so in Schulden stürzen würde, wie er jetzt vorhat, da muss sich doch ein denkender Mensch sagen, da kommst du nie wieder heraus. Dass er auch auf alles Verzicht leistet, das sieht auch nur ihm ähnlich, ich habe schon von so vielen gehört, sie sollten verzichten, aber keiner hat es getan. Schließlich gab die Behörde nach und nun bekommen sie monatlich ihr Geld.

Wie oft habe ich an Dich gedacht, bei der schrecklichen Kälte, auch werdet Ihr knapp gewesen sein mit Kohlen, denn hier hörte man die Leute jammern und klagen, wo wir doch an der Grube sitzen. Wir haben natürlich genug im Keller, und ich habe Tag und Nacht gestocht und bin doch bald erfroren.

Hat denn das Vieh dort an der Nahe keine Not gelitten, und wird dir das nicht gestohlen? Bei uns sind wieder ganz andere Sorgen, mit meiner Gesundheit will's gar nicht recht gehen, essen kann ich nicht so viel als unsere Gertrud, schlafen kann ich auch nicht des Nachts, bin glücklich, wenn ich mal zwei Stunden aneinander schlafe. Den Hals hätte ich

schon längst schneiden lassen, aber Richard [ihr Mann] ist so dagegen, aber so wirds doch auch nicht besser.
Vor Weihnachten war ich wieder bei einem Homöopath, der machte mich so krank, dass ich mein bisschen Arbeit tun musste lassen, und ich lag im Bett. Dann ging ich wieder zu einem Professor, der sagte auch, ohne Schneiden könnte er mir nicht helfen, was nun tun? Wenn die kleinen Kinder nicht wären, hätte ich es schon längst ohne den Willen Richards getan, aber so denkt man immer an diese.
Diese Woche hatten wir uns auch noch alle den Magen so verdorben, das muss vom Brot sein, das schmeckt nach lauter Steckrüben. Die Not hat doch bald ihren Höhepunkt erreicht, aber alles Jammern nach Frieden hilft ja doch nicht, wir müssen aushalten. Bis jetzt brauchten wir ja noch keinen Mangel zu leiden, nur die Milch fehlt uns. Einen Liter bekommen wir pro Tag [bei vier Kindern] und die müssen wir uns eine halbe Stunde weit holen. Richard schickt uns alsmal ein Paket mit Speck, Fett, Reis und dergleichen und natürlich auch sehr teuer, Speck 5 Mark, Fett 8 Mark. Mutter schickt uns noch öfters bisschen Butter. Kartoffeln haben wir auch im Keller, da ging es ganz gut, wenn ich bloß gesund wäre.
Von Weihnachten an habe ich schon wieder 8 Pfund abgenommen, nun lasse ich mich garnicht mehr wiegen. Wir tragen uns ja mit der Absicht, den Sommer nach Eckweiler [im Hunsrück] zu reisen, aber nicht um Pfingsten. Viel Lust habe ich auch dazu nicht.
Nun habe ich Dir doch so ziemlich alles geschrieben, und nun fasse Du auch wieder frischen Mut und musst nicht so feige und leichtsinnig mit Deinem Leben umgehen, Deine Kinder haben Dich ebenso nötig, als meine auch mich, und vor allen Dingen musst du August gegenüber fester auftre-

ten, da hast Du auch große Fehler gemacht, er müsste sehen, dass Du einen großen Willen besitzt. Von Adam [ein Bruder] habe ich auch schon länger nichts gehört, zu Hause ist er aber noch auf alle Fälle.
Suche Trost und Kraft bei unserem Herrn und Heiland. Meine Losung ist: Alles in Gottes Hand zu geben und ihn sorgen zu lassen für uns.

Viele herzliche Grüße, Deine Schwester Minchen.
Auch die anderen lassen herzlich grüßen.

Kommt nicht Ostern Frieda aus der Schule?

Grüße sie alle von uns allen.
Richard gehts ja soweit noch gut, nur sehnt er sich auch nach Hause.

Diese Briefe sind mir beim Entziffern und Abschreiben so zu Herzen gegangen, dass ich weinen musste. Meine Großmutter, die ich natürlich nicht persönlich gekannt habe, steht mir sehr nah. Sie war eine tapfere, herzliche, mitfühlende und ganz besondere Frau. Außerdem war sie eine Schönheit. Auf einem Foto trägt sie ein elegantes Kleid mit Stehkragen, wie es um die Jahrhundertwende Mode war, und ihr Gesicht ist ebenmäßig schön; Augen, Nase, Mund, Stirn, Wangen, Kinn, Haaransatz, alles ist gut ausgeprägt und wohlgeformt. Ihre Haare sind dunkel zu einem Knoten hochgesteckt. Ihr Lächeln ist sehr fein und selbstbewusst. Sie war die hübscheste Frau in unserer Familie. 1923, sechs Jahre nach ihrem Brief von 1917, ist sie mit nur 39 Jahren gestorben. Niemand wusste woran. Ich frage mich, ob sich die Krankheit nicht schon nach der Geburt meiner Mutter angekündigt hatte. In jedem Brief schreibt sie, dass es ihr nicht besonders gut gehe. Trotzdem hat sie nie geklagt. Meine Mutter erzählte mir, dass sie in der letzten Zeit vor ihrem Tod oft ohnmächtig wurde. Trotzdem wollte sie nicht, dass die Kinder einen Arzt oder fremde Leute zu Hilfe holen. „Lasst mich einfach liegen, es geht schon wieder vorbei", hätte sie gesagt. Meine Mutter hatte nach der Geburt meines Bruders ebenfalls lange Zeit Fieber. Niemand konnte ihr sagen, warum das so war. Ich denke, dass den Ärzten in jenen Jahren bei Entbindungen noch viele Fehler unterlaufen sind.

Lieschen, die Schwester meiner Großmutter, hatte gleichfalls ein extrem hartes Leben. Sie bekam noch mehr Kinder als ihre Schwester. Der Mann entzog sich der Verantwortung und sorgte nicht für seine Familie. Monatelang war er unterwegs und kam nur nach Hause, um seiner Frau ein neues Kind anzuhängen. Lieschen musste also bei all den Kindern auch noch das Geld verdienen, indem sie für andere Leute im Fluss die Wäsche wusch und Kühe in einem Stall an der Nahe hielt. Während eines Hochwassers sind dann alle Kühe ertrunken. Außerdem ist einmal ein Blitz in ihr Haus eingeschlagen. Jeden Pfennig, den sie erübrigen konnte, sparte sie und kaufte Land dafür. Trotz aller Armut erbte so später jedes ihrer Kinder ein Grundstück. Auch ein Haus am Bahndamm erarbeitete sie sich. Sie habe ich noch kennengelernt, als wir in der Evakuierung nach dem Krieg ein paar Monate mit in ihrem Haus wohnten. Sie hat nie an sich selbst gedacht und kleidete sich nach dem Krieg noch wie vor hundert Jahren. Sie zog mehrere bodenlange Röcke übereinander an, ohne Unterhose darunter, im Sommer wie im Winter.

Die etwas indiskreten Berichte über meine Familie möchte ich damit rechtfertigen, dass ich sie lediglich als Beispiele anführe für die Verhältnisse einer vergangenen Epoche. Viele Menschen haben damals sicher ähnliche Erfahrungen gemacht und können sich vielleicht mit meinen Erzählungen identifizieren. Jungen Leuten mögen sie helfen, die modernen Probleme zu relativieren.

Also, meine Mutter war Karneval immer von anderen Männern umschwärmt, und sie flirtete ausgiebig. Wenn sich unsere Wege kreuzten, sagte sie zu mir: „Schick dich!“, und ich antwortete: „Schick du dich auch!“ Mein Vater lief meist mit saurer Miene und einer roten, selbst gebastelten Pappnase herum. Seinerseits konnte er die Freiheit einer Nacht schlecht genießen, weil er eifersüchtig war. Auf dem Heimweg gab es dann manchmal vorwurfsvolle Dispute. Einmal sagte er wiederholt, als die Grubensirene heulte: „Horch, das Kapital ruft!“, und meine Mutter antwortete leicht genervt: „Ach, du mit deinem Kapital!“ „Gell, aber 's Geld nimmste!“, stieß er darauf wütend hervor.

Wenn das Dorf zusammen feierte, hätte man denken können, sie bildeten eine wirkliche Gemeinschaft. Doch das täuschte. Eine tiefe Kluft trennte die Katholiken und Protestanten. Ich gehörte der evangelischen Minderheit an. Die Katholen versammelten sich sonntags in ihrer schönen Kirche im besten Sonntagsstaat mit Hut. Begegnete ich ihnen auf der Straße, schlich ich ein wenig verschämt an ihnen vorbei. Wir Evangelen hatten mit einem mickrigen alten Schulsaal vorliebzunehmen, wo der Pfarrer aus dem Nachbarort einmal im Monat seinen Sermon absonderte. Jedes Mal mussten wir braven Anwesenden Schimpftiraden gegen die Schwänzer über uns ergehen lassen und in der ersten Reihe verstohlen Spritzer seiner feuchten Aussprache wegwischen.

Würdig wirkte unser Pfarrer nicht. Mir schien auch, dass er selbst nicht recht glaubte, was er uns predigte. Seine Tochter bekam übrigens ein uneheliches Kind. Einmal schien er versuchen zu wollen, die Kluft zwischen den Konfessionen zu überbrücken. Ich beobachtete ihn auf der Straße, als er mit eiligen Schritten dem katholischen Herrn Pastor nachlief, ihn aber nicht einholen konnte, weil Letzterer ebenfalls einen Zahn zulegte und seinen Gang beschleunigte. Frustriert gab er schließlich die Bemühung auf.

Sein Vorgänger war auch nicht sympathischer. Bei ihm absolvierte ich meine Konfirmation. Es war eine einzige Quälerei; und die dauerte zwei Jahre, normalerweise sogar drei. Uns Göttelbornern wurde ein Jahr erlassen, weil der Weg zum Pfarrunterricht im Nachbarort zu weit war. Jeden Abend, nachdem ich meine Schulaufgaben erledigt hatte, paukte ich Bibelsprüche, Psalmen, die zehn Gebote mit allen Erklärungen, das Glaubensbekenntnis und Kirchenlieder mit manchmal 20 Strophen. Ich drehte fast durch und vergesse nie, wie ich an einem Abend, auf der Couch liegend (mein Bett war besetzt von einer Tante zu Besuch), immer wieder verzweifelt vor mich hin murmelte: „Ich bin das Brot des Lebens, ich bin das Brot des Lebens, ich bin das Brot des Lebens!“ Seitdem reagiere ich auf solche Sprüche allergisch. Ganz stimmt das allerdings nicht. Ein anderer Spruch der Bibel hat mir nämlich sozusagen das Leben gerettet. Als ich depressiv einem Selbstmord nahe war, zog ich mich mit „Herr, dir in die Hände sei Anfang und Ende, sei alles gelegt“ an den eigenen Haaren selbst aus dem Morast. Oder, besser gesagt, Gott reichte mir seine Hand.

Die Konfirmation bestand aus drei Teilen: die Prüfung, die Weihezeremonie und das Abendmahl – an drei aufeinanderfolgenden Sonntagen. Ich hatte mir wirklich Mühe gegeben und eine ganze Menge Stoff auswendig gelernt, doch der gehässige Pfarrer forderte mich ausgerechnet zum Aufsagen eines überlangen Kirchenliedes auf, als ich meinen Finger nicht in die Höhe streckte. Ich hatte keinen blassen Schimmer davon. Als der Geistliche mich fragte: „Ursula, kannst du das Lied?“, antwortete ich laut und vernehmlich durch die ganze Kirche: „Nein!“ Die Gemeinde fand das lustig und lachte laut. Auf diese Weise lernte ich, dass ich anscheinend ein gewisses Talent zu lakonischer Komik habe. „Lerne das Lied bis nächsten Sonntag. Ich werde dich vor der Konfirmation noch einmal an die Reihe nehmen!“, befahl mir der Herr Pfarrer. Das tat ich denn auch brav, weil ich befürchtete, das Jahr andernfalls wiederholen zu müssen.

Zeremonie und Abendmahl haben mich nicht im Geringsten feierlich berührt. Ich dachte nur: Wenn ich das hinter mir habe, ist das Schwerste im Leben geschafft. Das „Einjährige" und die Fahrprüfung waren ein Kinderspiel dagegen. Der einzige Lichtblick an der ganzen Sache war, dass ich ein neues, schickes, schwarzes Kunstseidenkleid (natürlich von meiner Mutter genäht), schwarze Wildlederschuhe mit gekreuzten Riemchen (wie es jetzt wieder Mode ist) und schwarze Spitzenhandschuhe bekam. Heute frage ich mich, warum, zum Teufel, hat man sich von der Kirche nur so schikanieren lassen? Nach dem Zusammenbruch des Naziregimes nutzte sie – allem Anschein nach – ihre Chance, um das Machtvakuum auszufüllen. Außerdem fürchteten wir Schäfchen, nicht in den Himmel zu kommen, wenn wir nicht in die Kirche gehen. Heute bin ich heilfroh, keiner Glaubensinstitution mehr anzugehören. Kirchlich beerdigt werden will ich auch nicht, obwohl meine Liebe zu Gott unendlich groß ist. Auch Jesus verehre ich. Er war ein wunderbares göttliches Wesen, aber was die Menschen aus seiner Botschaft gemacht haben, ist eine Katastrophe, meiner bescheidenen Ansicht nach. Auch stimme ich dem Ausschließlichkeitsanspruch nicht zu. Ich bin nämlich überzeugt, dass nach Jesus immer wieder ähnliche Gottesgesandte auf der Erde unterwegs waren und sind. Eine der schlimmsten „Sünden" allerdings, welche die christlichen Kirchen begangen haben und noch begehen, ist die Missioniererei. In Indien scheinen sie zum Beispiel die Lage der Kastenlosen auszunutzen. Diese lassen sich leicht zu Christen bekehren, weil sie dann endlich auch einer Gemeinschaft angehören und mehr Ansehen genießen.

Der katholische Herr Pastor war eine geachtete, ja gefürchtete Respektsperson. Unterwürfig grüßten ihn seine Anhänger mit: „Gelobt sei Jesus Christus", und er antwortete: „In Ewigkeit, amen." Das hatte doch etwas. Auch während des Krieges respektierten ihn die Nazis. Ob es Kollaboration gab, weiß ich nicht. Er wohnte ganz in der Nähe unseres Hauses. Ich begegnete ihm oft auf der Straße und fand ihn mit seinem massigen (eher schwabbeligen) Körper ziemlich beeindruckend. Beachtet wurde ich Kleine, dem Himmel Verlorene, nicht. Das betrübte mich ein wenig, weil ich ein freundliches Mädchen war. So beschloss ich eines Tages, ihn besonders höflich mit erhobener „Heil-Hitler-Hand“ zu grüßen. Für ein Kind war dieser Gruß damals das Übliche. Er blickte mich nur stumm, leicht erstaunt an, ohne zu antworten, und ich war beleidigt. Immerhin war ich doch auch zur Hälfte katholisch. Meine Großmutter väterlicherseits (die mit den elf Kindern) war nämlich katholisch. Sie hatte sich mit 17 oder 18 in einen gut aussehenden evangelischen Mann verliebt und musste ihm versprechen, dass die Söhne evangelisch getauft werden, bevor er sie heiratete. Die Töchter waren nicht so wichtig, sie durften katholisch werden. Die Liebe muss wohl groß gewesen sein. Ihr ganzes Leben aber büßte sie dafür. Sie wurde nämlich exkommuniziert. Das heißt: Messe und Beichte waren ihr gnädigerweise erlaubt, aber die erlösende Kommunion (Hostie auf die Zunge) wurde ihr gestrichen. Welche Schande muss sie empfunden haben, wenn sie mit gesenktem Blick an der wartenden Schlange der „Wandlung“ vorbei vorzeitig nach draußen schleichen und allein nach Hause gehen musste!

Ich spürte deutlich, dass ich eine Enkelin zweiter Klasse war. Ihre katholischen Töchter und deren Kinder standen ihr offensichtlich näher. Sie besuchte uns so gut wie nie. Einmal, als ich ihr in unserer Straße begegnete (sie bog gerade zum Nachbarhaus ein, wo ihr katholischer Neffe mit Familie wohnte), sagte ich zu ihr: „Oma, warum kommst du denn nie zu uns?“ (Ich war schon immer ziemlich direkt.) Sie sah mich ein wenig verlegen an, gab mir jedoch keine Erklärung.

Als ich mit 17 zusammen mit der Familie an ihrem Sterbebett stand, machte sie es mit einem bemerkenswerten Tipp für mich wieder gut. Irgendwie hatte sie mitbekommen, dass ich bereits einen Freund hatte, und so sagte sie mit letzter Kraft warnend: „Heirate nur nicht so früh!“ Die arme Frau hatte es ganz schön schwer mit elf Kindern ohne Komfort im Haus und einem ziemlich cholerischen Mann, der anscheinend zu viel Tabletten nahm und dem Alkohol nicht abgeneigt war. Er starb bereits mit 59, wie mein anderer Opa und meine Mutter. Ich nehme mal an, dass Oma erlöst war. Ihre Söhne verdienten inzwischen genug, um sie zusätzlich zu ihrer kleinen Rente abzusichern.

Besonders mein Vater wurde von seiner Familie ausgenutzt. Obwohl er bis zum Alter von 30 bereits gut verdient hatte, war vor der Heirat nichts auf dem Sparkonto. „Er hatte nicht mal einen vernünftigen Anzug“, sagte meine Mutter später. Er musste für mindestens eine Schwester die Aussteuer bezahlen, dem jüngsten Bruder die Kunstgewerbeschule finanzieren und einem Bruder, der regelmäßig sein Geld versoff und behauptete, es sei ins Klo (Plumpsklo) gefallen, wieder auf die Beine helfen. Der älteste Bruder war der Star der Familie, vor dem alle in Ehrfurcht erstarrten. Er interessierte sich für versteinerte Fossilien unter Tage, sammelte sie und wurde dafür schließlich zum Ehrendoktor (Dr. h. c.) der Universität Frankfurt geadelt. Die Familie schnappte vor Stolz fast über. Mein Vater hätte nie gewagt, seinem illustren Bruder zu widersprechen. Er musste diesem zum Beispiel eine wertvolle alte Originallandkarte unserer Gegend leihen und erhielt sie nie zurück. Zum Ausgleich hatte er aber eine hübschere Frau, bei der er regelmäßig seinen Groll ablud.

Auch die Schwestern hatten ihn in der Jugend unterdrückt. Ständig mussten wir zu Hause seine Tiraden über die Familie sowie seine schlechte Laune über uns ergehen lassen. Den Geschwistern gegenüber spielte er immer den lieben, sanften Bruder. Auch seine Sprüche gingen mir auf die Nerven, wie beispielsweise: „‚Das war noch ’n Glück!‘, rief der Heuschreck. Da ließ er ein Bein zurück.“ Oder: „Besser ein Spatz in der

Hand als eine Taube auf dem Dach." Mit Letzterem versuchte er mich jedes Mal zu bremsen, wenn ich zum Beispiel meine „sichere" Stelle bei der Bank aufgab, um für ein Jahr als „mother's help" nach England zu gehen, um mein Englisch aufzubessern. Mein Traum war es nämlich, Stewardess zu werden. Bei der Eignungsprüfung einer amerikanischen Fluggesellschaft in Hamburg (ich glaube, die Lufthansa gab es damals noch nicht) wurde ich dann nicht genommen, weil den Leuten meine Handgelenke zu schwach erschienen, um die Tabletts im Flieger zu balancieren. Die Prüferin tröstete mich mit den Worten: „Sie haben eher ein künstlerisches Talent." Das richtete mich ein wenig auf, doch kaufen konnte ich mir dafür nichts. Im Nachhinein betrachtet hatte ich Glück, dass mich die Fluggesellschaft nicht wollte. Diese Arbeit hätte nicht zu meinem Wesen gepasst.

Das Berufsleben einer Sekretärin

Mangels finanzieller Unabhängigkeit und eines gut situierten Ehemannes hielt ich es notgedrungen bis zum Alter von 29 Jahren im Elternhaus aus. Mit meiner Mutter hatte ich immer ein liebevolles Verhältnis. Wir waren mehr wie Schwestern. Sie war großzügig und hörte mir geduldig zu oder klagte mir ihr Leid, wenn sie frustriert war. Manchmal sagte sie: „Wenn du doch nur einen netten jungen Mann heiraten würdest. Ich hätte so gern Enkelkinder von dir. Ihr könntet bei uns im Haus wohnen." Doch das war für mich absolut undenkbar. Ich sehnte mich nach ferneren Gefilden. Langsam wurde ich jedoch immer deprimierter und lethargischer. Ich sah schon meine Tage bei der Völklinger Hütte enden. Dort wäre ich auf die Dauer eingegangen wie eine Primel ohne Wasser. Wenn ich morgens aus dem Zug stieg, suchte ich mir meinen Weg fast blind bis zum Betriebsbüro. Die Hochöfen bliesen völlig filterfrei den Dreck in die Luft und der ekelhafte graue feine Sand setzte sich in den Augen, Haaren und allen Poren fest. Ich litt sehr unter Akne. Man konnte kaum atmen.

Abends, wenn ich nach Hause zurückkehrte, sagte meine Mutter: „Du stinkst ja fürchterlich!" In meinem Kohlenwertstoffbetrieb wurden aus Kohle alle möglichen ungesunden, übel riechenden Produkte hergestellt. Dazu gehörten Pech, Teer, Benzol, Naphthalin und so weiter. Gleich neben dem Bürofenster stand ein großer Benzoltank, sodass man nicht einmal lüften konnte. Ein wenig Sauerstoff kam lediglich durch die Tür zum Flur herein.

In den ersten Jahren musste ich das Büro mit vier oder fünf Männern teilen, die fast alle auch noch rauchten. Der Betriebschef hatte einen großen Raum für sich allein. Wenn er mir diktierte, durfte ich mich ihm gegenüber niederlassen und an seinen Lippen hängen, damit ich alles in Steno aufnehmen und nachher wieder lesen konnte. Später wurde dann ein neues Betriebsgebäude gebaut, wo ich ein Vorzimmer bekam, dazu eine eigene Damentoilette, was sehr angenehm war! (Vorher musste ich sie nämlich mit den Männern teilen.) Einer nahm immer die Zeitung mit und saß ewig. Angeblich waren und sind gemeinsame Toiletten doch in den Betrieben verboten. Röchling hatte einen besonderen Nimbus und brauchte, wie es schien, es nicht so genau zu nehmen mit solchen Vorschriften. Niemand kontrollierte solche Dinge. Man war sogar stolz, bei Röchling schuften zu dürfen. In meinem neuen Büro stellte ich einige Topfpflanzen auf die Fensterbank. Sie überlebten nicht lange. Die giftige Luft machte ihnen bald den Garaus. Auch ich fühlte mich oft sehr schlecht.

Zum Tippen hatte ich eine uralte mechanische Schreibmaschine. Meist waren acht Durchschläge per Pauspapier erforderlich. Das war Schwerstarbeit, und niemand scherte sich um meine zarten Handgelenke. Ich hatte ständig Sehnenscheidenentzündungen und arbeitete trotzdem klaglos weiter. Mir kam zu Ohren, dass die Sekretärinnen bei der Hauptverwaltung elektrische Schreibmaschinen hatten. Ich ging also zum ersten Mal zum Arzt, ließ mich krankschreiben und verfasste einen Beschwerdebrief an den Betriebsarzt. Daraufhin genehmigte man mir ebenfalls eine elektrische Schreibmaschine älteren Baujahres. Wenn man nicht höllisch aufpasste und seine Finger nicht im Zaum hielt, machte sie Bocksprünge, sodass leere Zeilen zwischen den Buchstaben erschienen. Irgendwie meisterte ich auch dieses Problem und war halbwegs glücklich mit meiner neuen Schreibmaschine.

Außer für den Chef musste ich noch für drei Ingenieure arbeiten, die mir lange technische Texte diktierten, und für das Betriebslabor. Außerdem war ich für Französisch und Englisch zuständig, obwohl ich dafür gar nicht bezahlt wurde. Der Betriebschef war ein Herr von Hinke. Zunächst war ich beeindruckt, doch dann kam ich dahinter, wie unfähig er in seiner Arbeit war und daher „hinkte“. Ohne die Ingenieure – und vor allem den Meister – wäre er völlig aufgeschmissen gewesen. Nach seiner Pensionierung wollte er noch studieren, ist dann aber ziemlich schnell gestorben. Einer der Ingenieure mit Namen Dr. Krummacher rückte zum Betriebsleiter auf und veränderte sich auf unangenehme Weise. Als ich einmal ein paar Tage – mit ärztlichem Attest (!) – krank war, schickte er mir gleich einen Kontrolleur.

Zurück zu dem adeligen Herrn. Eines Tages fragte er mich, ob ich während seines Familienurlaubs in seiner Villa wohnen möchte. Ich dumme Kuh fühlte mich gebauchpinselt und freute mich, für zwei Wochen meinem primitiven gemieteten Zimmer zu entkommen. Während der ersten drei Monate nahm ich mir nämlich ein billiges, spärlich möbliertes Zimmer, weil ich die Stelle nur unter dieser Bedingung bekam. Im Saarland waren gute Sekretärinnenjobs damals noch dünn gesät. Allerdings vermied man das Wort *Arbeitslosigkeit*, obwohl ich nach meinem Englandaufenthalt drei Monate ohne Unterstützung arbeitslos war, weil ich keine passende Stelle fand. Bei einer Bank wäre ich wieder eingestellt worden, sogar bei der Dresdner Bank. Dort kannte ich einen Abteilungsleiter, der bis zum Wiederanschluss des Saarlandes an Deutschland auch bei der BNCI gearbeitet hatte und mein Chef war. Er war ein sehr netter älterer Herr und hätte mich gern wieder als seine Sekretärin gehabt. Leider rauchte er eine Zigarrenmarke, die Übelkeit und Kopfweh bei mir auslöste. Deshalb lehnte ich sein Angebot ab, ließ mir aber durch ihn die Stelle bei Röchling vermitteln. Zu ihm sagte ich, dass ich nach vier Jahren Banktätigkeit nun neue Erfahrungen sammeln möchte. Hätte ich damals gewusst, was mich in Völklingen erwartete, hätte ich vielleicht lieber den Zigarrenqualm in Kauf genommen. Damals galt man als intolerant, wenn man Tabakrauch monierte. Im Nachhinein erscheint es mir so, dass alles so kommen musste, wie es kam, um letztendlich den Weg zu finden, der vom Schicksal für mich vorgesehen war. Trotz all der Leiden war alles irgendwie perfekt.

Das Haus des Herrn von Hinke entpuppte sich als alter, beschwerlicher Kasten. Man trug mir auf, morgens alle Rollläden hochzuziehen, damit keine Einbrecher „eingeladen“ wurden (Gelegenheit macht bekanntlich Diebe!), und abends das Umgekehrte. Nur mit größter Kraftanstrengung gelang es mir, die Biester zu bewegen. Natürlich mussten auch die Pflanzen gegossen werden. Ich tat also gehorsam meine Pflicht. Meine Bleibe war das Jungmädchenzimmer der Tochter, die schon seit Jahren aus dem Haus war. Seitdem hatte anscheinend nie mehr jemand dort Staub gewischt oder das Bett frisch bezogen. Der Staub lag millimeterdick. Auch das nahm ich ergeben hin. In den Wohnzimmern waren alle Sessel und Couchen mit Laken abgedeckt. Nicht einmal dort konnte ich es mir also gemütlich machen. Nachts war mir ziemlich unheimlich, als es einmal lange an der Haustür klingelte. In aller Naivität dachte ich: Vielleicht bringt mir der noble Herr ja ein schönes Geschenk aus dem Urlaub mit. Als die Herrschaften zurückkehrten, würdigte mich die Dame des Hauses kaum eines Blickes, und er drückte mir eine Tafel Schokolade in die Hand. Ich hätte sie ihm am liebsten vor die Füße geschmissen. Doch das ging ja leider nicht, weil ich dann auch meine Stelle geschmissen hätte. Heute verstehe ich allerdings kaum, warum ich nicht lächelnd gesagt habe: Danke, aber ich mag keine Schokolade. Aber so schlagfertig war ich damals leider nicht. Stattdessen schluckte ich tapfer meinen Ärger herunter und bedankte mich artig. Er fuhr mich danach gleich mit dem Auto zu meinem Zimmer und wirkte dabei so, als täte er mir einen Gefallen. Außerdem schlug er vor, mich ins Zimmer zu begleiten, was ich aber dankend ablehnte! Vielleicht ist es ja verzeihlich, dass sein früher Tod mich nicht allzu sehr betrübte.

Im letzten fünften Jahr hatte ich Unannehmlichkeiten mit dem jüngsten Ingenieur Dr. Ditscher. Er hatte es auf mich abgesehen. Wahrscheinlich langweilte er sich mit seiner Frau. Während der Herr Doktor mir diktierte, würzte er seine Texte mit anzüglichen Reden. Dummerweise hatte ich mich einmal breitschlagen lassen, mit ihm auszugehen, und einige Intimitäten zugelassen. Das bereute ich hinterher und wollte die Sache beenden. Er war jedoch hartnäckig und ließ nicht locker. Irgendwann konnte ich es nicht mehr ertragen und hatte seine Anzüglichkeiten dermaßen satt, dass ich die Initiative ergriff und mich auf ein Stellenangebot einer Schweizer Holding in Luxemburg bewarb. Meine Mutter hatte diese Annonce in der Saarbrücker Zeitung entdeckt und meinte: „Das wäre doch vielleicht was für dich.“ Ich schickte also meine Unterlagen an die Firma, wurde zur Vorstellung eingeladen und prompt eingestellt. Immerhin verdiente ich nun so viel, dass ich mir eine eigene Wohnung leisten konnte. Außerdem war ich inzwischen viel selbstbewusster geworden und verstand es perfekt, mich aus der Affäre zu ziehen. Auf die Erfahrung, die ich mit dem dortigen Direktor aus der Schweiz gemacht habe, komme ich später zurück. Es war ein recht amüsantes Erlebnis.

Der aufdringliche Ingenieur hat mir also – ungewollt – geholfen, den Absprung von Röchling zu wagen. Heute kann ich ungeniert über jene Zustände berichten, da die Kohlenwertstoffbetriebe der Röchlingschen Eisen- und Stahlwerke längst dichtgemacht und all die „sauberen Herren“ ihre irdischen Körper längst verlassen haben. Überhaupt ist der Zeitraum von über 50 Jahren so lang, dass man niemandem mehr auf die Füße tritt. Auch mich selbst und meine Familie sehe ich heute mit einem gewissen Abstand, so als wären wir andere Menschen gewesen. Alte Rücksichten und Empfindlichkeiten spielen jetzt keine Rolle mehr. Meine Eltern leben schon lange nicht mehr, und ich bin seit über 20 Jahren frei, um die zweite Lebenshälfte zu genießen. Nach der Jugend habe ich keinerlei Sehnsucht. Mein Alter hat große Vorteile. Unerfüllte Wünsche stehen nicht mehr auf der Liste.

Als ich nach Luxemburg zog, zitierte mein Vater übrigens wieder seinen Lieblingsspruch vom Spatz in der Hand und so weiter. Er wollte nicht, dass ich nach Luxemburg zog, doch meine Mutter bestärkte mich darin, obwohl sie dann noch einsamer wäre. Zum Schluss ging ihr der ewige Zank zwischen meinem Vater und mir doch ziemlich auf die Nerven, und sie sagte: „Es wird langsam Zeit, dass du aus dem Haus gehst.“ Sie hatte recht. Bei aller Freiheit stand ich doch noch immer unter ihrem Einfluss, was mich am Erwachsenwerden hinderte. Und da ich ihr alles erzählen konnte, verspürte ich wohl auch kein allzu dringendes Bedürfnis, einen Freund oder einen Partner zu finden.

In Luxemburg wechselte ich nach acht Monaten von der Schweizer Holding zur damaligen Hohen Behörde der Montanunion, jetzt Europäische Union, und arbeitete dort nach Bestehen des „concours“ (Aufnahmeprüfung) 32 Jahre als Sekretärin. Eigentlich waren es nur 29 Jahre, weil ich von 1981 bis 1984 unbezahlten Urlaub nahm und die meiste Zeit davon in Indien verbrachte. Im Fernen Orient begegnete ich der großen Liebe, die ich in Europa vergeblich gesucht und schließlich aufgegeben hatte, und zwar in der Person eines Palästinensers mit jordanischem Pass. Doch das ist eine andere Geschichte und würde den Rahmen dieses Buches sprengen. Von dieser Liebe habe ich in meinem Buch „Wasser-Morgen“ erzählt.

Ein paar Jahre vor meinem Eintritt in die Hohe Behörde hätte ich mir nie gedacht, einmal bei dieser Institution „auf Lebenszeit“ eingestellt zu werden. Zusammen mit einem Akademiker der Völklinger Hütte hatte ich einmal eine Konferenz mit dem Motto: „Europa der Vaterländer oder Vaterland Europa?“ besucht. Mein Begleiter, mit dem ich sehr kurz befreundet war, arbeitete an seiner politischen Karriere. Mich nahm er nur als „Dekoration“ mit. Als die Teilnehmer zur Diskussion eingeladen wurden, rutschte er leicht unruhig auf seinem Stuhl herum, bevor er den Mut zum Sprechen gesammelt hatte. Mir erteilte er den Auftrag mitzuschreiben, damit ich wie eine Journalistin aussähe. Eine Sekretärin ist ihm wohl nicht gut genug, dachte ich und verweigerte die Mitarbeit. Als unsere komische Beziehung längst vergessen war, schaffte er es tatsächlich bis zum Minister im saarländischen Landtag. Da seine Partei, die CDU, aber nach ein paar Jährchen abgewählt wurde, war es schnell vorbei mit diesem hohen Amt.

40 Jahre nach der Konferenz zum Europagedanken (die ich mit jenem angehenden Politiker besuchte) hat sich immer noch nichts Grundlegendes geändert. Wirtschaftlich haben wir uns mehr oder weniger vereinigt (wahrscheinlich aus egoistischen finanziellen Motiven), politisch und kulturell kocht jedes Land weiterhin sein eigenes Süppchen, sonst wäre die neue Europäische Verfassung nicht gescheitert. Trotzdem glaube ich, dass es irgendwie langsam vorangeht. Vielleicht hat die globale Weltvereinigung zurzeit Vorrang. Wenn Europa politisch vereinigt zu stark würde, könnte es besten- oder schlimmstenfalls einen undurchlässigen Block gegen den Rest der Erdenwelt bilden, und das würde uns nicht gerade viel Sympathie einbringen. Also wursteln und hoffen wir weiter.

Im Deutschlandfunk habe ich eine Diskussion zu diesem Thema verfolgt. Ein polnischer Anrufer spielte darauf an, dass man einer *Tippse* die Schuld an einem mangelhaften Dokument gegeben habe. Die Moderatorin verbesserte ihn sofort, indem sie *Sekretärin* sagte. Das beweist mir wieder einmal, wie dumm doch diese Art Männer immer noch sind. Wie wollen sie denn Europa vereinigen, wenn sie nicht mal in der Lage sind, Frauen nicht geringschätzig zu behandeln?! Eine Sekretärin der EU muss eine schwierige Aufnahmeprüfung in drei Sprachen absolvieren. In der Praxis habe ich sehr oft erlebt, dass die entscheidungsbefugten Beamten ohne ihre Sekretärinnen aufgeschmissen wären. Letztere sind ihren Vorgesetzten nicht selten überlegen. Dass sie sich das nicht anmerken lassen dürfen, macht den Beruf doppelt anstrengend. Die Lorbeeren für eine gelungene Sache erntet immer der Boss. Die Sekretärin darf immer nur rennen, machen und huldvoll lächeln.

Meine Berufstätigkeit bei der Europäischen Kommission hat mich also auch nicht nur mit Dankbarkeit und Stolz erfüllt. Das sieht man zum Beispiel daran, dass ich zur feierlichen Verleihung der Medaille für „20 Jahre im europäischen öffentlichen Dienst" (mit meinem Namen eingraviert) lässig in meinen ältesten Jeans und mit grobem Rollkragenpullover erschien, während die übrigen Geehrten sich extra fein gemacht hatten. Die Büroarbeit erledigte ich sonst normalerweise meist in teuren Designer-Kostümchen von Jil Sander. Trotzdem hat die Plakette mit dem sympathisch lächelnden Konterfei von Robert Schumann jetzt einen Ehrenplatz im Wohnzimmerschrank neben einem Prisma.

Ich muss auch durchaus zugeben, dass es eine gute Erfahrung war, zusammen mit so vielen verschiedenen Nationalitäten in einem Topf zu rotieren. Die Unterschiede der nationalen Mentalitäten verursachten so gut wie nie Stress oder Schwierigkeiten. Wo wir herkamen, das war uns eigentlich egal. Natürlich fanden wir europäischen „Beamten" uns untereinander nicht alle sympathisch, doch das hatte andere Ursachen. Was ich nie leiden konnte, war die Einstellung des „maximalen Profits" einiger Kolleginnen, die ihre relative Freiheit im Büro missbrauchten. Eine Kollegin sagte freiheraus: „Ist der Ruf erst einmal ruiniert, lebt es sich ganz ungeniert." Sie kam und ging, wann sie wollte.

Ich fühlte mich immer privilegiert, weil die Europäische Behörde großzügige Gehälter aus öffentlichen Mitteln zahlte und ich dadurch mein Leben „vielfältiger" gestalten konnte, als es Sekretärinnen im Allgemeinen möglich ist. Mein Status als C Beamtin hatte auch durchaus Vorteile der „gehobenen" Hierarchie (A und B) gegenüber. Oft dachte ich: Wie froh bin ich doch, dass ich nicht in all den zahlreichen Sitzungen hocken, mir das endlose langweilige Gerede anhören und den Zigarettenqualm einatmen muss! In den letzten Jahren hat man bei den europäischen Institutionen dazugelernt und das Rauchen in Sitzungen verboten. Während der letzten 14 Jahre hatte ich als Sekretärin Konferenzen zu organisieren. Sobald ich meine Arbeit erledigt hatte, bin ich dann immer so schnell wie möglich zurück in mein Büro geflitzt.

Trotz aller gelegentlicher Skandale bei den europäischen Behörden meine ich doch, dass sie eine wichtige Aufgabe in der Zusammenführung der Völker wahrnehmen. Europa hat gar keine andere Wahl, als sich zusammenzuraufen, wenn es vor der Welt bestehen will. Ein bisschen stolz war ich schon, ein wenig daran teilhaben zu dürfen. Obwohl mich die Arbeit innerlich nicht ausfüllte, erledigte ich sie stets mit vollem Engagement. Wenn ich zum Beispiel eine Maxitabelle (ich war im „trockenen“ Statistischen Amt) perfekt ausgewogen getippt hatte, fühlte ich eine gewisse künstlerische Befriedigung. Mein Abteilungsleiter, ein Franzose und Augenmensch, dessen Sekretärin ich zwölf Jahre lang war, spendete mir reichlich Beifall dafür. Ich musste mich nur vorsehen, dass der Wunsch nach beruflicher Anerkennung nicht alle Kraft verbrauchte und die wesentlichen Dinge im Leben dadurch zu kurz kamen. Deshalb entschloss ich mich Anfang 1981 zu einem unbezahlten Urlaub von drei Jahren, um meiner inneren Stimme zu folgen, die mich nach Indien lenkte. Meinen Kollegen bastelte ich am letzten Tag folgende Reime:

Abschied

J'ai décidé de m'en aller
To say bye-bye to you,
Mais de ne pas vous oublier
Là-bas, chez les Hindoux.

De temps en temps, wenn Gott es will,
Je viens vous visiter
To see if you are toiling still
à la Communauté.

I wish you luck and happiness,
Pensez à la santé,
And every day a sweet caress,
Und tut euch niemals weh.

Collègues chers, mehr weiß ich nicht,
Don't cry, lacht und seid froh!
Tut weiter *nicht* nur eure Pflicht!
Merci pour le cadeau!

Bei meiner Rückkehr im Jahr 1984 fühlte ich mich ein wenig „surreal". So viel Schönes und Schreckliches hatte sich in der Zwischenzeit ereignet. Und nun saß ich wieder in der Statistik, als wäre nix gewesen. Als Erstes musste ich mich an die neue Computertechnik gewöhnen. Ohne Kursus erwartete man von mir, dass ich gleich damit umgehen konnte. Eine Kollegin gab mir nur wenig unprofessionelle Hilfe. Ich wusste nicht einmal, dass man am Ende einer Zeile keine Leertaste zu drücken brauchte. Ich war leicht verwirrt und ziemlich nervös. Doch das legte sich bald, und meine Arbeit stellte die Vorgesetzten wieder zufrieden.

Ich wäre nach meinem Indienaufenthalt nie auf die Idee gekommen, alles hinzuschmeißen und mich nur noch der inneren Entwicklung zu widmen. Zu oft hatte ich bei anderen Menschen gesehen, wo das hinführt. Ohne Essen, Wohnen und ein paar andere Annehmlichkeiten macht das spirituelle Leben nämlich herzlich wenig Spaß. Davon abgesehen hätte ich mich schlecht gefühlt, wenn ich von der finanziellen Gnade anderer abhängig geworden wäre. Man kann nicht erwarten, ernährt zu werden, wenn man sich nicht selbst dafür anstrengt. Außerdem scheint mir, dass die täglichen Tretmühlen keine unwesentlichen Gelegenheiten bieten, Geduld und ein paar andere Dinge zu üben. Auch lernt man auf diese Weise seine Mitmenschen recht gut kennen.

Für eine überaus selbstlose, mitfühlende Tat meines Kollegen – mit Namen François Desgardes – werde ich ein Leben lang dankbar sein, auch wenn sie nur wie eine Kleinigkeit erscheinen mag. Er wusste, dass ich beim Tippen einen Manuskripthalter brauchte, und erinnerte sich daran, wie sehr ich darum gekämpft hatte, um endlich einen solchen von der Verwaltung genehmigt zu bekommen. Bevor meine Nachfolgerin Besitz von meinem Büro nahm, stibitzte er dieses nützliche Teil und bewahrte es in seinem Büro für mich auf. Bei meiner Wiedereingliederung in eine Nachbarabteilung überraschte er mich dann mit meinem alten geschätzten Manuskripthalter. Ich hätte ihn umarmen können, hielt mich jedoch zurück, weil er sehr glücklich mit einer Krankenschwester verheiratet ist. Solch kleine Gesten können einen manchmal mehr beglücken als wer weiß welch große Opfer. Übrigens, dieser Manuskripthalter steht nun schon seit 25 Jahren zu Hause auf meinem Computertisch und leistet mir immer noch gute Dienste.

Die Nachkriegszeit

Eine Motivation, mit der Niederschrift dieses langen Aufsatzes zu beginnen, war meine Skepsis gegenüber der geläufigen Aussage von heute: „Das Leben ist jetzt viel stressiger und komplizierter als früher!“ Natürlich ist es auch heute nicht einfach. Vieles hat sich verändert und neue Herausforderungen mit sich gebracht, aber nach meinen Erfahrungen war es in der Vergangenheit eher anstrengender und schwieriger, und das besonders für die Frauen. Bücher von Männern über jene zurückliegende Zeit findet man immer wieder, doch bis heute ist mir noch nichts Ähnliches begegnet, das von einer Frau in meinem Alter und in meiner Situation geschrieben wurde. Deshalb möchte ich in diesem Buch den oft banalen, aber wichtigen Alltag aus weiblicher Sicht beleuchten.

Ich jedenfalls bin froh, nicht mehr vor 60, 50 oder 40 Jahren leben zu müssen. Wir strampelten uns damals ganz schön ab, um unsere bescheidenen Bedürfnisse halbwegs befriedigen zu können. In unserem Dorf gab es nur zwei mollige Frauen: die eine hatte eine Bäckerei (aha!) und die andere vielleicht ein Drüsenproblem. Nach dem Krieg war das Brot knapp. Mein Bruder und ich durften nicht so viel essen, wie wir Hunger hatten. Ich erinnere mich daran, dass mein Bruder immer leise bescheiden antwortete: „Ich sage nichts“, wenn meine Mutter fragte: „Möchtest du noch eine Schnitte?“ Wir haben nie Forderungen gestellt. Trotzdem hätten wir mit Walter Kempowski sagen können: „Uns geht es ja noch gold“, denn immerhin war unsere Familie vergleichsweise gut dran. Wir hatten einen Garten mit Obst und einen Acker von der Grube gepachtet. Dort pflanzte mein Vater Gemüse, Kartoffeln, Zuckerrüben und ich weiß nicht mehr was. Doch, jetzt erinnere ich mich: Mohn kultivierte er auch. Heute wäre das verboten, denke ich. Ich liebte es, die feinen aromatischen Samenkörner direkt aus den Kapseln in meinen Mund rieseln zu lassen. Ich fühlte mich auch nicht high danach. Die Kartoffeln waren allerdings von Kartoffelkäfern befallen. Wir mussten sie und ihre Eier täglich ablesen und verbrennen.

Ganze Schulklassen wurden auf die Äcker geschickt, um Kartoffelkäfer zu sammeln. Das war eine unangenehme, eklige Tätigkeit. Später ging das Gerücht um, die Amerikaner hätten im Krieg Kartoffelkäfer aus den Flugzeugen abgeworfen. Als wir unsere Kartoffeln ernteten, mussten wir sie gut zugedeckt im Handkarren nach Hause schaffen. Da mein Vater sie zum richtigen Zeitpunkt gesetzt hatte, waren wir die Einzigen, die etwas ernteten. Alle Nachbarn gingen leer aus, weil sie keine so gute Nase gehabt hatten. Sie hätten uns sicherlich beneidet oder vielleicht sogar denunziert. Dann wäre uns die allgemeine Zuteilung gestrichen worden. Die Kohlköpfe wurden geschrotet und zu Sauerkraut veredelt. Nur einmal passierte meinen Eltern ein Malheur. Als der ganze Kohl bereits in die Steintöpfe gepresst war, wunderten sie sich, dass er gar nicht so richtig Wasser zog. Sie lachten sich kaputt ob ihrer Dummheit: Statt Salz hatten sie Zucker verwendet. Schnell fingen sie mit Salz wieder von vorn an. Später fanden wir den süßsauren Geschmack köstlich.

Milch und ein wenig Butter bekamen nur Kinder. Als kleinem Mädchen übertrug man mir die Aufgabe, nach der Schule die Milch zu kaufen und in einer Blechkanne nach Hause zu tragen. Einmal ließ ich sie fallen und die Milch lief auf den Boden. Das war schlimm, ich traute mich kaum heim. Meine Mutter hatte aber Mitleid mit mir und schimpfte nicht. Bei anderen „Vergehen" gab es allerdings manchmal Senge mit einem Rohrstock. Das hielt man damals noch für ein adäquates Erziehungsmittel. Doch nur meine Mutter übte dieses Recht aus, obwohl sie sonst die liebste, verständnisvollste Mutter war und mich unter Einsatz ihres eigenen Lebens geschützt hätte. Ich wusste, dass ich mich immer auf sie verlassen konnte. Sie hätte nie etwas auf ihre Kinder kommen lassen. Dritten gegenüber verteidigte sie uns wie eine Löwin ihr Junges. Mein Vater hielt sich bei der Züchtigung raus oder drohte Schläge nur an.

Manchmal sperrte mich meine Mutter auch in den Keller. Das war die Hölle, weil ich dort böse Geister vermutete und zu sehen glaubte. Ich hatte fürchterliche Angst. Jedes Mal, wenn ich Kartoffeln, Kohlen oder Holz aus dem Keller holen musste, lief ich die Treppe hinauf, als ginge es um mein Leben, weil ich dachte, die Geister würden mich verfolgen. Diese irrationale Angst suchte mich bis ins Erwachsenenalter heim, sodass ich vor dem Schlafengehen immer unters Bett schaute.

Später, als ich schon aus dem Haus war, drückte mir meine Mutter ihr Bedauern über die Prügelstrafen aus. Sie konnte sich nicht mehr erklären, warum sie es getan hatte. Ich vermute, dass sie unglücklich in ihrer Ehe war und manchmal die Nerven verlor.

Ansonsten war meine Kindheit schön. Wir hatten viel Freiheit, um uns in den Gärten, in der Umgebung und sogar im Wald herumzutreiben. Ich kletterte auf jeden Baum und plante ständig, ein Baumhaus zu bauen. Das realisierte ich jedoch nie. Eine meiner Lieblingsbeschäftigungen im Mai war Maikäfer fangen. Das ging nur abends, wenn es fast dunkel war. Dann schwirrten sie um die Bäume. Es gab sehr viele und sie fraßen eine Menge Bäume kahl. Man hatte noch nicht die romantische Beziehung zu ihnen wie heute. Es waren schlechtweg Schädlinge, die man bekämpfen musste. Wer die meisten in der Schachtel hatte, fühlte Stolz. Die Entsorgung war einfach: Man warf sie den Hühnern vor, und die stürzten sich gierig auf diese Leckerbissen. In Form von Eiern verleibten wir Menschen uns dann das Maikäfer-Protein ein.

Autos gab es nur vereinzelt. Die forderten meinen Abenteuergeist heraus. Wenn eines unsere Straße entlangfuhr, rannte ich, so schnell ich konnte, im letzten Augenblick vor dem Auto auf die andere Straßenseite. Ich bildete mir ein, fast fliegen zu können, wie in meinen Träumen. Die Fahrer der Autos waren natürlich ziemlich erbost, doch dann war ich längst über alle Berge.

Vielleicht war ein Buch daran schuld, dass ich beinahe glaubte, fliegen zu können. Das erste Buch meines Lebens, das ich im ersten Schuljahr las, sobald ich alle Buchstaben kannte, handelte von einem Mädchen mit dem Namen Kari, das fliegen konnte. Ich war nachhaltig beeindruckt. Titel und Schriftstellerin habe ich leider vergessen. Das Buch war nur ausgeliehen, sonst hätte ich es jetzt noch. Heute würde ich es sehr gern wieder lesen, falls es noch existiert. Vielleicht liest ja jemand diese Zeilen und hat es in seinem Bücherregal stehen.

Auf dem Grubengelände gab es auch viele Plätze, wo man schön spielen konnte. Es war noch nicht – wie später – hermetisch durch Zäune abgeschlossen. Oft beobachteten wir auch im und nach dem Krieg, wie die Pferdefuhrwerke mit Kohle, von oben herunterfallend, beladen wurden. Die Grube war unsere Heimat. Durch die Schichtsirenen wusste man auch immer, wie viel Uhr es war, denn Armbanduhren besaßen wir natürlich nicht. Manchmal hängte ich mir heimlich die winzige silberne Taschenuhr meines Vaters um den Hals. Es war eine Damenuhr und eigentlich auch nicht auf seinem Mist gewachsen; er hatte sie aus dem Frankreich-Feldzug mit nach Hause gebracht. Das Unglück – oder die Gerechtigkeit? – wollte es, dass ich diese hübsche Uhr beim Kartoffelausbuddeln verlor. Irgendwann vermisste sie jemand zu Hause und ich musste meine Freveltat gestehen. Am meisten betrübt über diesen Verlust war ich selbst, da die Uhr mein Ein und Alles gewesen war. Meine erste eigene Uhr kaufte ich mir, als ich längst berufstätig war. Zur Konfirmation bekam ich von meiner Patentante nur ein kleines billiges Silberkettchen mit Anhänger. Wenn die Sirene außerhalb der normalen Zeit heulte, war das allerdings besorgniserregend; ein Grubenunglück hätte passiert sein können. Wenn die Haushaltungsvorstände dann wohlbehalten mit schwarzen Rändern um die Augen nach Hause kehrten, atmeten Frau und Kinder erleichtert auf.

Besonders faszinierend fand ich die Kühltürme, wo das Wasser herunterrieselte, um die Kohle zu reinigen (wenn ich mich recht erinnere). Ein paarmal gelang es uns Kindern, auf die herumlaufende Plattform zu klettern. Dort spritzte es so schön. Am liebsten wäre ich hineingesprungen. Wasser zog mich immer magisch an. Im Winter hüpfte ich einmal mit acht Jahren auf einem nur teilweise zugefrorenen, kleinen, aber tiefen Löschteich von Eisscholle zu Eisscholle und verstand gar nicht, dass meine Mutter sich so aufregte.

Im Maschinenhaus der Grube gab es große Roste, unter denen warme Luft aufstieg. Dort erlaubte man uns, Apfel- und Birnenschnitze zum Trocknen auszulegen, damit wir auch im Winter Obst hatten. Wasser konnten wir dort ebenfalls holen, wenn die Leitungen im Haus wegen Trockenheit versiegt waren.

Die Bergleute, die unter Tage die Kohle abhauen mussten, waren jedoch arme Schweine. Wir sahen sie nach Feierabend immer von unserem Fenster aus müde und mit gebeugten Rücken sich zu Fuß in die umliegenden Dörfer nach Hause schleppen. Sie taten uns leid. Als die Grube jung war, kamen viele Bergarbeiter von weit entfernt gelegenen Dörfern. Verkehrsmittel gab es noch nicht. Täglich mussten sie nach ihrer schweren Arbeit viele Kilometer zu Fuß zurücklegen. Man nannte sie Hartfüßler.

Über Tag verursachte die Grube kaum Schmutz. Die Luft im Dorf war rein. Erst als ein Kohlekraftwerk gebaut wurde, fing die Misere an. Der ganze Kohlenstaub wurde aus Schornsteinen ungefiltert in die Atmosphäre geblasen. Das gab es nicht nur in Ostdeutschland. Wir litten sehr. Alles wurde von dieser grauen Schicht zugedeckt. Im Garten waren Gemüse und Obst ungenießbar, weil der Dreck klebte und nicht leicht abzuwaschen war. Jetzt mussten wir mit gekauften Sachen vorliebnehmen. Die Böden und Möbel im Haus waren ebenfalls ständig von dickem Staub bedeckt. Einmal vergaß ich, die Badewanne auszuwaschen, bevor ich mir Badewasser einließ. Der ganze Dreck schwamm auf der Wasseroberfläche, und ich wollte es wieder ablassen. Mein Vater kam dazu und regte sich fürchterlich über die Wasserverschwendung auf. Ich ließ mich jedoch nicht dadurch beirren. Irgendwie wurde er mit den Jahren immer kleinlicher und geiziger. Mit Vorliebe sah er sein Sparkonto wachsen. Das gab ihm ein Gefühl von Überlegenheit anderen gegenüber, wie es mir vorkam.

Bäume, die in unmittelbarer Nähe des Kraftwerkes standen, starben total ab. Ich erinnere mich, wie ich das hinter dem Haus, in dem meine Großmutter wohnte, beobachtete. Es machte mich traurig. Heute verfolge ich mit Interesse die Diskussionen über Energiegewinnung aus nachwachsenden Rohstoffen sowie die Nutzung der Sonnen-, Wind- und Erdwärmeenergie und ärgere mich, wenn immer behauptet wird, Methoden, die wirklich vernünftig erscheinen, wären noch nicht rentabel genug. Wenn all die Schäden, welche die herkömmliche Energiegewinnung verursacht oder verursacht hat (einschließlich Krankheiten wie Silikose und Bandscheibenvorfälle), in die Bilanz mit einfließen würden, wäre das längst kein Argument mehr, ganz zu schweigen von den Langzeitgefahren der Atomindustrie. Außerdem habe ich gehört, dass der Abbau eines Atomkraftwerkes doppelt so viel kostet wie sein Aufbau. Überhaupt finde ich, dass wir viel zu viel Strom für unnütze Geräte verschwenden. Man kann durchaus ab und zu auch mal wieder die eigene Körperenergie zum Einsatz bringen, was überdies dem Abbau überflüssiger Pfunde anstatt dem Abbau von Kohle dienen würde. Auch unsere Beine werden es uns danken, wenn sie – wann immer möglich – benutzt werden. Durch die Einsparung von Erdöl könnten wir außerdem unsere Abhängigkeit von Ländern – die wir wegen ihrer mangelhaften Demokratie eigentlich verachten – reduzieren.

Auf dem Weg morgens zum Bus ging man mit niedergeschlagenen Augen, um sie nicht ständig reiben zu müssen. In Saarbrücken, wo ich arbeitete, war die Luft nicht so verpestet. Meine arme Mutter, die sich den ganzen Tag in diesem Dreck aufhalten und immer wieder das Haus wischen musste, war am meisten von dieser Sch… betroffen. Irgendwann bekam sie schlimme Bronchitis und ein Lungenemphysem. Alle paar Monate wurde sie im Knappschaftskrankenhaus mit Antibiotika vollgepumpt und starb schließlich mit 59 Jahren an einem Gehirntumor.

Sehr tröstlich war es für mich, dass mein Mütterlein während eines Komas ihren Körper vorübergehend verlassen durfte, um der wunderbaren Ebene, die auf sie wartete, einen Besuch abzustatten. Aus dem Koma zurück, sagte sie immer wieder: „Es war so schön, es war so schön!“ Da ihr Sprachzentrum im Gehirn durch den Tumor betroffen war, konnte sie nur noch einzelne Wörter und kurze Sätze formulieren. Sie strahlte wie ein Engel. Ihr Gesicht war wieder das eines hübschen jungen Mädchens (ganz ohne Schminke), obwohl ihre Organe nur noch mühsam funktionierten. Sie blickte mich liebevoll-tröstend an, als wollte sie sagen: „Du brauchst dir keine Sorgen um mich zu machen und überhaupt keine Angst mehr vor dem Sterben zu haben.“ Fremde Menschen kamen im Krankenhaus an ihr Bett, weil ein überirdisches Strahlen voller Liebe von ihr ausging.

Einige Monate nach dem Tod meiner Mutter stellte sich die Frage, wo ich meinen Erholungsurlaub verbringen sollte. Nach Sylt wollte ich nicht fahren, wie ich es seit drei Jahren getan hatte. Dort war mir die Atmosphäre zu fröhlich. Unbeschwert herumalbern und lachen konnte ich noch nicht. Also entschied ich mich für Ferien in den Schweizer Bergen, in Adelboden. Ich packte mein kleines Auto voll bis unters Dach und fuhr los. Vorher hatte ich natürlich ein Zimmer in einem komfortablen Hotel reservieren lassen. Ich erinnere mich noch, dass während meiner Anwesenheit dort auch einmal die Politikerin Annemarie Renger an einem Empfang teilnahm, woraus ich schloss, dass sie ebenfalls im „Hotel zur Post“ logierte. Kurz begegneten sich unsere Augen. Vielleicht wunderte sie sich, dass eine so junge, hübsche Frau so ganz allein im Saal herumstand, während sie von ihrer Entourage umgeben war. Ich fand sie nicht unsympathisch. Später erzählte mir ein Hotelangestellter, dass sie ihn gefragt habe, wer ich denn sei. Das ist jetzt über 40 Jahre her. Vor ein paar Jahren sah ich sie in einer Fernseh-Talkshow und dachte, dass sie immer noch recht ansehnlich aussieht und spricht.

Unterwegs, während der Autofahrt, stellte ich mir vor, meine Mutter säße neben mir und wir würden uns miteinander unterhalten. Für ihre Antworten lieh ich ihr meinen Mund. Es war fast so wie vorher in der Realität. Spätabends erst traf ich im Hotel ein. Ich war sehr müde von der Reise und legte mich bald ins Bett. Zwischen Wachen und Träumen war plötzlich meine Mutter bei mir. Sie durchquerte das Zimmer und war zunächst schneeweiß, ihr Körper, die Haare und die Kleidung. Allmählich wandelte sie sich und erschien jung und in normaler Hautfarbe, wie ein Mensch und nicht wie ein Geist. Sie stand rechts neben meinem Bett, schwebte dann halb über, halb durch mich hindurch auf die andere Seite und legte sich in den freien Teil des Doppelbettes. Wir lagen uns nah mit den Gesichtern zugewandt und unterhielten uns vertraut und fröhlich miteinander. An die genauen Worte konnte ich mich später nicht mehr erinnern.

Nur eine Szene ist mir bis heute gegenwärtig geblieben, inklusive der Worte. Plötzlich stand eine andere junge Frau in der offenen Balkontür und sah mich interessiert an. Meine Mutter stellte sie mir vor, indem sie sagte: „Das ist meine neue Freundin." Die Freundin lächelte mich an, wollte jedoch nicht länger stören; das spürte ich. Also breitete sie ihre Arme seitlich aus – leicht nach hinten gestreckt, wie Flügel – und entschwebte rückwärts durch die Balkontür hinaus dem Himmel entgegen. Mutter blieb ziemlich lang bei mir, dann war auch sie plötzlich nicht mehr da. An den Übergang, wie sie mich verlassen hat, erinnere ich mich nicht.

Dieses wunderbare Erlebnis hat mir sehr geholfen, die Trauer zu bewältigen und den Urlaub zu genießen. Ich kann auch versichern, dass man keine Angst zu haben braucht, wenn liebe tote Angehörige einen besuchen. Wahrscheinlich passiert das relativ selten, weil die Verstorbenen uns nicht erschrecken wollen.

Am Ende des Jahres ihres Übergangs wurde mir ebenfalls eine „Höhere Welt“ gezeigt. Ich bin sicher, dass mir dabei meine Mutter geholfen hat, um mir die Erfahrung am eigenen Leibe zu ermöglichen, dass neben der materiellen, grobstofflichen Welt viele weitere, subtile, feinstoffliche Welten existieren. Bei aller liebenden Erinnerung an meine Mutter möchte ich jedoch darauf hinweisen, dass es wenig hilfreich für die Trauerbewältigung ist, sich aus Selbstmitleid an der/dem geliebten Verstorbenen festzuklammern und nicht loszulassen. Damit tut man sich selbst – und erst recht den Heimgegangenen – keinen Gefallen. Es nimmt allen Betroffenen den Raum und die Kraft, auf ihrer jeweiligen Ebene anstehende, neue Aufgaben zu erfüllen. Für diejenigen, die das Weiterleben nach dem Tod nicht infrage stellen, ist dies – zugegebenermaßen – leichter zu verwirklichen. Sie wissen, dass sie mit Jammern, Klagen und fortdauerndem Weinen dem lieben gestorbenen Menschen nur Kummer bereiten. So muss er sich Sorgen machen und kann sich nicht weit von der irdischen Sphäre entfernen, um notfalls jederzeit helfend zur Seite zu stehen. Notgedrungen stellt er dadurch seine eigene Entwicklung hintan. Wollen wir Erdenmenschen wirklich so egoistisch sein? Ich denke, bei den meisten von uns ist es kein böser Wille, sondern lediglich Folge mangelnder Aufklärung.

Mancher mag sich fragen, woher ich meine Gewissheit nehme, dass alles seinen Sinn hat oder dass die Toten weiterleben. Mein Verstand weiß es nicht. Wenn ich mit Schreiben beginne, spüre ich lediglich, wie die Worte und Sätze, ohne nachzudenken, aus meinen etwas steifen Fingern strömen und Seite um Seite füllen. Daraus schließe ich, dass uns wirklich ein Kanal mit Wesenheiten höherer Bewusstseinsebenen verbindet, die den Überblick haben und daher besser Bescheid wissen als wir begrenzten Erdenkinder. Als meine liebe Mutter schon in einer schöneren Welt lebte, fand ich zwischen ihren Papieren diesen vergilbten Zeitungsausschnitt:

Freudentränen
Bedenke, dass „Gott die Lacher lieb hat" und dass ein Liebe suchendes Mädchen den heiraten soll, der ihr am Morgen lachend begegnet. Und vor allem lerne, wenn du lieben willst und geliebt werden, diese schönen alten Worte auswendig und vergiss sie nie: „Sechsmal lachte Gott, und sein Lachen gebar die sechs Süßigkeiten der Welt. Beim siebenten Mal aber lachte er Freudentränen, und geboren wurde die Liebe."

(Aus: Gerhart Mostar, „Aberglaube für Verliebte")

Ich bin mir allerdings nicht sicher, ob für Wilhelmine die Freudentränen ausschlaggebend waren, als sie Artur das Jawort gab. Mir gestand sie einmal, dass es ihr wichtiger war, geliebt zu werden, als selbst zu lieben. Selbst zu lieben, war für Frauen ihrer Generation ein oft zu großer Luxus. Den können sich heutige unabhängige Frauen eher leisten. Als junges Mädchen war meine Mutter in den Bruder ihrer Freundin verliebt und er, denke ich, auch in sie. Dessen Familie war jedoch von einer erblichen Hautkrankheit betroffen, und dieses Leiden wollte Wilhelmine ihren Kindern ersparen. Also verzichtete meine Mutter ihren Kindern zuliebe auf ihre große Liebe. Sie erlebte nämlich bei ihrer Freundin – deren Haut sich am ganzen Körper schuppte – „hautnah“ mit – im wahrsten Sinne des Wortes! –, wie sehr deren Leben davon beeinträchtigt wurde.

Während ich an dieser Niederschrift arbeitete, nahm ich wie „zufällig“ mein altes Schullesebuch von 1943 vom Bücherregal. Beim Öffnen fiel mir ein Aufsatz entgegen, den ich 1948 in der Quinta der Mittelschule geschrieben habe. Er lautet: „Ein Friedhofsbesuch“, dem Gedicht von Johann Nepomuk Vogl mit dem gleichnamigen Titel „Ein Friedhofsbesuch“ nacherzählt.

> *Eines Abends klopfte es bei dem Totengräber an. Er öffnete die Türe, und es stand ein Fremder draußen. Dieser sprach: „Lieber Alter, öffne mir die Friedhofstüre und zeige mir ein teures Grab!“ Der Totengräber fragte: „Wie heißt du, und welches Grab soll ich dir zeigen?“ Der Fremde antwortete lachend* (das Wort *lachend* hat Fräulein Hübner, die Klassenmutti, durchgestrichen): *„Kennt ihr mich denn nicht mehr? Ich bin doch der Martha Sohn.“ „Ach“, sagte der Totengräber, „dich hätte ich aber nicht wiedererkannt, bist du groß geworden. Aber komme nur mit, ich will dir deiner lieben Mutter Grab zeigen.“ Er nahm seinen großen Schlüsselbund und öffnete die Türe. Der Fremde, welcher ein Kriegsheimkehrer war, stand am Grabe seiner lieben Mutter und betete leise. Nach einer Weile sagte er: „Nein, meine liebe Mutter liegt nicht in diesem engen Raum. Denn die Liebe einer Mutter ist viel zu groß dazu.“*

Genau so empfinde ich, wenn ich am Grab meiner Mutter stehe. Diesen alten Aufsatz hatte ich seit 1948 nie wieder gelesen. Nun kommt es mir vor, als habe mich meine Mutter an den Bücherschrank geführt, um mir zu sagen, dass sie nicht tot ist. Ganz sicher, diesen Aufsatz allein geschrieben zu haben, bin ich allerdings nicht. Meine Mutter hatte manchmal Mitleid mit mir, wenn ich auf dem Bleistift herumkaute und mir nichts einfiel. Dann setzte sie sich hin und schrieb den Aufsatz ohne Schwierigkeiten in einem Rutsch. Dabei traf sie immer den kindlichen Ton, sodass die Lehrerin nie etwas merkte. Sie konnte schon mit 13 Jahren gut schreiben. Das beweist der folgende Aufsatz, den ich in einem ihrer Schulhefte von 1928 mit Überraschung und großer Freude wiederentdeckte:

Mein schönstes Erlebnis

Eines meiner schönsten Erlebnisse war wohl ein Ausflug im Siegerland über den hohen Altenseelbachskopf nach der … [?] *Der Weg war trotz des steilen Aufstieges wunderschön. Der klarblaue Himmel stand hoch über dem dunkelgrünen Tannenwald, kaum bewegten sich die Wipfel der schlank gewachsenen Tannen. Die Vögel sangen und musizierten, sonst war es in der Natur totenstill. Zuweilen hörte man einen Specht hämmern oder einen Kuckuck rufen. Zum erstenmal hatte ich solche Naturschönheit bewundern können und staunte deshalb über des Schöpfers große Macht und Weisheit. Lächelnd sagte mein Onkel: „Komm, Kind, wir wollen weiter hinauf gehen, da wirst du dich noch viel mehr wundern." Ich glaubte ihm und wir eilten weiter meiner Tante, die mit den Kindern vorgegangen war, nach. Schöne Lieder verkürzten uns den Weg. So gelangten wir nach einer Stunde auf der höchsten Spitze des Berges an und sogleich lichtete sich der Tannenwald, und wir traten auf eine wunderschöne Wiese. „Wie im Märchenbuch!" rief ich entzückt aus. Mein Onkel hatte mit seiner Prophezeiung recht gehabt. Der Sonne goldenes Licht lag wie eine schimmernde Decke auf dem Rasen. Die Tannen standen da, als ob sie dieses Plätzchen schützen müssten. Schöne Wiesenblumen schmückten den* grünen Wipfel. Da gewahrte ich an der rechten Seite ein kleines Bretterhäuschen. Die großen goldenen Buchstaben konnte man von weitem entziffern: „Waldschlösschen“, rief ich freudig aus. Wir hatten uns Kuchen und Kaffee mitgebracht. In dem Schlösschen befand sich außer dem Tisch und den Stühlen auch ein Ofen. Wir Kinder sammelten im Walde dürre Äste, damit die Tante schnell das Feuer anmachen konnte. Bald flackerte es lustig im Herd. In der Nähe des Schlösschens sprudelte ein silberheller Quell. Übermütig hüpfte das Wasser über die schneeweißen Kieselsteinchen und floss als ein Bach in leichten Windungen durch das Wiesental dahin. An diesem kühlen Fleckchen gefiel es mir am besten. Wir hatten unseren Wasserkessel gefüllt und während die Tante und Kusine den Kaffeetisch bereit machten, legte ich mich neben den Quell ins weiche Gras nieder. Man kann es nicht in Worte kleiden, wie froh und leicht mir ums Herz war. Der Himmel sah mich sinnend und sanft an, und die Tannen grüßten zu mir herüber. Wie lange ich so gelegen hatte, wusste ich nicht, doch plötzlich schreckte mich mein Onkel auf: „Du kleine Träumerin, steh auf, der Kaffee ist bereit.“ Gestärkt sprang ich auf und lief dem Schlösschen zu. Es schmeckte herrlich in der reinen frischen Luft und gar bald waren Schüsseln und Tassen geleert. Nun verließen alle das Waldschlösschen und es ging hinaus auf die Wiese. Wir tummelten uns nach Herzenslust aus. Nur zu bald nahte der Abend, und der Onkel mahnte zum Aufbruch. Ein wenig traurig verließen wir die märchenhafte Wiese. Wir schlugen einen anderen Weg ein, der durch Eichenwälder führte. Die Büsche, die sich am Wege befanden, streckten die grünen Arme in den Sommerabend hinaus und störten nicht durch leises Säuseln die Bienen und Käferchen, die hin und wieder zu ihnen schwebten. Die Blümchen unter ihnen hatten ihre *milden Augensterne wie vor ihrem Schöpfer ehrfurchtsvoll gebeugt. Gott, wie schön! dachte ich und blieb andächtig stehen, um den Sommerabend mit ungestörtem Entzücken zu genießen. Ein lauter Ruf meiner Kusine weckte mich aus meiner stillen Betrachtung, und ich eilte ihnen nach. Bald lag das Dörfchen Altenseelbach im Abendfrieden vor uns, und nach einer Viertelstunde traten wir in das Haus meines Onkels. „Tante", begann ich, „dieser Ausflug war mein schönstes Erlebnis!"*

So stimmungsvoll und malerisch wie meine Mutter konnte ich mit 13 Jahren nicht schreiben. Sie erzählte mir oft, dass ihr Deutschlehrer sie besonders ermutigt hätte, zu lesen und zu schreiben. Obwohl dieser Mann mit einem Doktortitel an einer höheren Schule hätte arbeiten können, zog er es vor, die Kinder der Familien zu unterrichten, die nicht genug Geld hatten, um ihren oft begabten Kindern eine bessere Schulbildung zu ermöglichen. Auf diese Weise erfuhr meine Mutter viel über große Dichter wie Goethe. Sie konnte aus dem Stegreif Geschichten erfinden. Als mein Bruder klein war, erzählte sie ihm jeden Abend vor dem Schlafengehen eine Geschichte, die sie sich spontan ausgedacht hatte. Leider hat sie selbst nicht gedacht, dass sie eine besondere Begabung hatte, und nichts aufgeschrieben. Schon als Kind erzählte sie ihren Cousinen und Vettern eigene Märchen. Daraufhin ermahnte sie ein dummer Onkel (nicht der aus dem Siegerland) und bezichtigte sie des Lügens. Das wäre Sünde.

Ein anderer Aufsatz meiner Mutter rührt mein Herz ebenfalls an:

Die Schwierigkeiten beim Brombeersuchen

Ich habe meine Ferien gut verlebt. Jeden Tag gab's etwas Neues. Einen Tag, es war Mittwoch, werde ich aber besonders gut im Gedächtnis behalten, denn solch ein Tag kommt nicht oft vor. Wir wollten auf die Brombeersuche gehen. Morgens in aller Frühe brachte uns der Zug nach einem benachbarten Dorf. Nach einer halben Stunde nahm uns der schöne grüne Wald auf. Jetzt verteilten wir uns nach allen Richtungen. Zuerst hielt ich immer die eine Tante im Auge, doch plötzlich verschwand sie im Gebüsch. Auch ich kam immer mehr vom Wege ab. Da ich aber sehr eifrig am Suchen war, merkte ich es nicht. Da hatte ich gerade einen Strauch mit vielen dicken Brombeeren entdeckt. Freudig wollte ich meine Hand danach ausstrecken, da hörte ich laut meinen Namen rufen. Ich horchte auf. „Was nun, wenn wir Wilhelmine nun nicht wieder finden?" hörte ich fragen. Nun wusste ich ja, dass die andern nicht weit sein konnten und wollte sie mal in Angst jagen, deshalb blieb ich ruhig stehen und gab auch keinen Laut von mir. Als sie aber nicht aufhörten zu rufen, gab ich Antwort. „Hier bin ich ja" und brach aus meinem Versteck. Da wunderten sie sich, dass ich so nahe bei ihnen gewesen bin. Meine Tante aber war noch ganz aufgeregt und fing an zu schimpfen. Ich aber lachte mir eins ins Fäustchen. Da wir hier aber nicht viele Brombeeren fanden, gingen wir auf einen hohen Berg nur immer durch Wald. Meine Tante war froh, dass mein Onkel auch mitgegangen war, sonst hätte sie auch noch Angst bekommen. Es war ein beschwerlicher Weg. Eine dicke Bekannte dachte, sie könnte nicht mehr, aber es nützte ihr nichts, sie musste doch. Wir waren schon oben, aber jene Frau pustete und keuchte: „Ich kann nicht mehr." Mit Ach und Krach brachten wir sie endlich oben hin. Nun ging das Rufen von neuem an. Hier waren zu viele Sträucher und rote Brombeeren. Dazwischen leuchteten die schwarzen durch. Die vielen Dornen machten uns zu schaffen. Um die Wette wurde „aua" geschrien. „Tante hilf mir, ich häng fest!" rief ich auf einmal. Meine Haare hatten die Dornen erfasst. Meine gerufene Tante eilte schnell herbei und befreite mich. Sogar unten auf der Erde zogen sich die Stachelsträucher hin. Klatsch stolperte ich über einen dicken Stein und fiel in einen Brombeerstrauch. „Au, au, meine Hände und Arme wie verkratzt, helft mir doch!" Die andern standen dabei und lachten mich noch aus. „Ich brauch euch gar nicht", sagte ich und wollte selbst wieder aufstehen, wobei ich aber die bis jetzt noch festgehaltene Kanne mit Beeren fallen ließ, und der ganze Inhalt fiel auf die Erde, und ich selbst kam doch nicht aus dem Gestrüpp. Ich fing an zu zappeln und zu schreien: „Lasst sie mal ein bisschen zappeln" erklärte mein Onkel. Da befreite meine Tante mich aber. Ich sah schön aus, Strümpfe ganz zerrissen und die Hände voller Blut. Meinen Onkel machte ich voll Blut und musste laut lachen, was er für ein Gesicht schnitt. Als wir unsere Gefäße voll hatten, mussten wir den mühsamen Weg wieder zurück, aber jetzt ging es bergab.

Unter dem Aufsatz stehen folgende Anweisungen:

Einfache Sätze!
Keine Wiederholungen!
Kein Satz darf mit „als" oder „wenn" anfangen!
Kein Satz darf mehr als zehn Wörter enthalten.

Der Lehrer muss wirklich große Klasse gewesen sein. Wilhelmine hat auch mit sehr viel Verehrung von dem Herrn Doktor gesprochen. Wahrscheinlich hat sie für ihn so schöne Aufsätze geschrieben.

Meine „Klassenmutti" strich also das Wort lachend in einer Geschichte über den Tod durch. Sie dachte wahrscheinlich, dass sich Trauer und Humor nicht miteinander vereinbaren lassen. Aus eigener Erfahrung weiß ich, dass dies sehr wohl möglich ist. Am Beerdigungstag meiner Mutter stand ich – wie betäubt – untergehakt zwischen meinem Vater und meinem Bruder vor dem offenen Grab, während Verwandte und Bekannte an uns vorbeidefilierten, um uns mit Händedruck ihr Beileid zu bezeigen. Tante Olga drückte ihrem Bruder, meinem Vater, die Hand und anschließend ergriff sie in Hast die nächste herausragende Hand, in der Annahme, es wäre meine. Dem war nicht so, es war nämlich die linke Hand meines Vaters, die aus meiner Armbeuge herauslugte. Da die verdutzte Tante jedoch annahm, es wäre meine Hand, breitete sich ein höchst erstaunter Ausdruck auf ihrem Gesicht aus. Wahrscheinlich dachte sie: Was hat die Ursel für eine harte, raue Hand! Bei all meiner Trauer beobachtete ich die bizarre Szene und musste an mich halten, um nicht weinend vor dem Grab meiner Mutter in lautes Lachen auszubrechen.

Zugegeben, nach ein paar Jahren wurde es etwas besser mit der Luftverschmutzung in Göttelborn, weil die Schornsteine erhöht und der Dreck auf diese Weise weiter und „gerechter" verteilt wurde. Jahre später baute man dann endlich Filter ein, und das Leben im Dorf wurde wieder erträglicher. Inzwischen hatte ich mich bereits nach Luxemburg aus dem Staub gemacht.

Vor einigen Jahren wurde die Grube dichtgemacht. Sie war eine der modernsten gewesen. Noch kurz vorher hatte man in einen gigantischen neuen Förderturm investiert. Jetzt steht er da wie ein stummer Zeuge. Vielleicht mausert er sich ja über kurz oder lang zu einer Sehenswürdigkeit, und mein ausgebeuteter Heimatort Göttelborn wird doch noch berühmt.

Vor Errichtung der Kohlengrube war Göttelborn noch gar kein richtiges Dorf. Mein Vater erzählte uns, dass Kesselflicker in primitiven Behausungen ihr unstetes Leben am Rande der ausgedehnten Wälder fristeten. Die meiste Zeit sind sie herumgezogen, um ihre Dienste anzubieten. Meine Familie stammt nicht von ihnen ab. Wir sind Nachfahren von Müllern, die in Dirmingen ihre Kornmühle betrieben.

Früher haben meine Eltern manchmal den letzten, alten, alleinstehenden Müller besucht. Das Rad drehte sich allerdings schon nicht mehr. Als meine Mutter dem einsamen Mann einmal selbst gebackenen Kuchen mitbrachte, war er so dankbar, dass er meinen Eltern zwei wunderschöne große Silbertaler schenkte. Davon ließen sie mir und meiner Schwägerin einen Anhänger an einer langen silbernen Kette anfertigen, die ich immer noch in Ehren halte. Diese Stücke waren Teil eines Schatzes, der in Kriegszeiten in der Mühle eingemauert worden war. Ich denke, dass der Schatz von dem alten Mann wiederentdeckt wurde. Genau weiß ich es aber nicht.

Zu seiner archaischen, unberührten Schönheit der Vergangenheit wird Göttelborn (Götterquelle) wohl nie mehr zurückkehren, auch wenn das Kraftwerk ebenfalls eines Tages geschlossen werden sollte. Zu viel ist wahrscheinlich zerstört worden. Als junge Frau wollte ich all das endgültig hinter mir lassen. Jetzt fahre ich ab und zu ganz gern durch die Josefstraße, in der ich als Kind „Bäumchen wechsle dich“ (zwischen den Linden) oder Völkerball gespielt habe. Doch alles hat sich sehr verändert. Aus den wunderschönen verwilderten Gärten zum Beispiel sind Tennisplätze geworden. Die Häuser wurden von der Grube verkauft und inzwischen wurden bestimmt auch Bäder eingebaut. Unser Elternhaus in der Kettelerstraße ist ebenfalls verkauft worden, weil mein Bruder und ich das Haus nicht behalten konnten und wollten. Es hat mir nicht viel ausgemacht, weil das

Familienglück darin doch weniger perfekt war, als es von außen ausgesehen haben mag. Meine Mutter lebt in mir weiter, dafür brauche ich keinen bestimmten Ort. Der Tod unseres Vaters hat uns nicht so sehr getroffen, weil er sich im Alter seinen Kindern – vor allem seinem Sohn – gegenüber sehr befremdlich verhalten hat. Trotzdem denke ich, dass auf der höheren Ebene irdische Querelen nicht mehr wichtig sind. In einem Traum besuchte ich ihn und nannte ihn „Papilein". Das ist mir lieber, als wenn ich ihm mit Ressentiments begegnet wäre.

Das Kraftwerk wird nun wahrscheinlich mit billiger Importkohle befeuert. Erst wenn dieser Moloch auch noch stillgelegt sein wird, kann sich die Natur wieder halbwegs regenerieren. Zusätzlich gibt es nun einige kleine Berge, die sogenannten „Bergehalden". Inzwischen sind sie schätzungsweise grün bewachsen. Ich habe sie lange nicht gesehen und weiß es daher nicht genau. Mein Vater erzählte uns manchmal von den herrlichen Wäldern auf diesem Gelände und dem Kohlbach-Badesee. Dort hätte er als Junge einmal seinen Kameraden, das Lang-Jäbchen, vor dem Ertrinken gerettet.

Während meiner zwei letzten Volksschuljahre im Alter von neun bis elf wusste ich, dass ich unbedingt dort rausmusste. Man lernte nichts, weil die Lehrer schlecht waren. Gleich nach dem Krieg wurden Katholen und Evangelen noch gemeinsam unterrichtet. Die Direktorin hatte ihren Posten bekommen, weil sie nicht in der Partei war, und nicht weil sie eine gute Lehrerin war. Während der Unterrichtsstunden ließ sie sich von Schülerinnen die Strümpfe stopfen. Aus heutiger Sicht ist es eine Kuriosität. Ein anderer Lehrer ließ die Schüler, wenn sie etwas nichts wussten, in Reih und Glied antreten und nacheinander Schläge mit dem Stock auf die Hände empfangen. Bei mir und anderen Kindern meiner „Gesellschaftsklasse" traute er sich das nicht, weil er wusste, dass unsere Eltern es nicht erlaubt hätten. Ein kleiner, unterernährter Junge, der seine Mutter durch Feindbeschuss aus einem Flugzeug und den Vater im Krieg verloren hatte, saß traurig und still mit langer Rotznase in der Bank. Ihn schlug dieser Lehrer (mit dem schönen Namen Sohns) mit der flachen Hand kräftig mitten ins Gesicht, sodass die Rotze spritzte. Ich war entsetzt und betroffen. Empört erzählte ich es meinen Eltern. Doch was sollten sie tun? Niemand unternahm etwas, um dem Jungen beizustehen. Nachbarn in der Arbeiterkolonie, die selbst viele Kinder hatten und arm waren, kümmerten sich um den kleinen Waisenjungen.

Bereits im ersten Schuljahr hatte es einen Lehrer gegeben, der Kopfnüsse austeilte, das heißt, er klopfte mit dem Knöchel eines Zeigefingers auf die zarten Schädeldecken der Kinder, wenn er es für angebracht hielt. Mein Vater erzählte uns, dass es in seiner Kindheit noch viel schlimmer war. Es gab in der Schule übelste Prügel mit Stöcken und Lederriemen. Als sein kleiner Bruder einmal dran war, ging der älteste Bruder zum Lehrer und stellte ihn zur Rede (wenn ich mich nicht irre, schlug er ihn sogar). Danach wurde der Kleine verschont. Das waren noch Zeiten für die Lehrer, als sie zur Obrigkeit gehörten und zum Teil Angst und Schrecken verbreiteten. Ein wenig mehr Respekt den Lehrern gegenüber wäre heutzutage allerdings manchmal angebracht.

Am Tag, als die Konfessionen getrennt wurden, gab es ein Chaos. Die neue evangelische Lehrerin, Fräulein Wagner, kam zu spät, und wir Evangelen wurden ohne Aufsicht in einen winzigen Raum – alle Jahrgänge zusammen – eingesperrt. Ein paar größere Jungen schrien und tobten herum. Ich saß ganz still da. Plötzlich ging die Tür auf und die katholische Direktorin stürmte herein. Ohne in Erfahrung zu bringen, wer den Lärm gemacht hatte, ging sie auf mich zu und schlug mir hinter die Ohren. Weinend lief ich nach Hause, um meiner Mutter von dieser Ungerechtigkeit zu berichten. Sie nahm mich an der Hand und ging schnurstracks mit mir zurück zur Schule. Dort riss sie die Tür zur Klasse der Direktorin auf und sagte ihr lautstark die Meinung. „Lassen Sie sich pensionieren, wenn Sie nicht mit Kindern umgehen können!“, schrie sie. Atemlose Stille in allen anderen Klassen. Die übrigen Lehrer feixten und freuten sich, dass dieser Person endlich einmal jemand die Leviten lass.

Von nun an wurden alle evangelischen Kinder in einer einzigen Klasse – zunächst noch im gleichen Gebäude – zusammen unterrichtet. Die Lehrerin hatte es nicht leicht, ihre Zeit zwischen den verschiedenen Jahrgängen aufzuteilen. Die größeren Schüler wurden oft dazu eingeteilt, mit den kleineren Lesen und Rechnen zu üben. Als mein Bruder, der vier Jahre jünger war als ich, in die Schule kam, wusste er in der ersten Zeit nie, welche Aufgaben er zu Hause machen musste. Er verließ sich ganz auf seine große Schwester, die für ihn mit aufpasste. Wir beide waren immer ein Herz und eine Seele. Streit gab es nie zwischen uns. Ich fühlte mich wie eine zweite kleine Mutter für ihn und beschützte ihn vor größeren frechen Buben. Wenn sie ihn hauen wollten, ging ich wie eine Furie auf sie los. Als ich ein Jahr später zur Mittelschule kam, wurde er selbstständig und brauchte meine Hilfe nicht mehr.

Die Pause verbrachten wir zerteilten Christen-Kinder noch zusammen auf dem gleichen Schulhof. Von Gemeinsamkeit aber war keine Rede mehr. Wir waren uns entfremdet worden. Welch eine Idiotie! Ich denke, dass sie von der katholischen Kirche ausging. Als ich, inzwischen erwachsen, nach jungen Männern Ausschau hielt, war es nicht ratsam, sich in einen katholischen Jungen zu verlieben. Die Eltern dieser Konfession taten im Allgemeinen alles, um das zu hintertreiben. Nachdem ich ein paarmal in der Festhalle mit einem Katholen getanzt und mich im Zug öfter nett mit ihm unterhalten hatte, zog er sich nach einer Weile plötzlich von mir zurück. Durch eine Bekannte kam mir zu Ohren, dass seine Mutter gegen eine Ehe mit einem evangelischen Mädchen sei. Viel später, ich lebte schon in Luxemburg, sprach eine katholische Frau meine Mutter auf der Straße an und fragte, ob ich verheiratet sei. Auf die Verneinung meiner Mutter antwortete sie: „Ach, das arme Mädchen!“ Wären die katholischen Männer im Dorf nicht tabu für mich gewesen, hätte ich mehr Auswahl an Heiratskandidaten gehabt.

In der Mittelschule waren wir konfessionstechnisch gemischt. Dafür trennte man die Geschlechter. Religion war allerdings Hauptfach. Eine schlechte Note hätte gefährlich werden können. Ich hatte meist „befriedigend“. Zu mehr reichte es nicht, weil ich mit der scheinheiligen Religionslehrerin auf Kriegsfuß stand. Ich verweigerte die mündliche Teilnahme am Unterricht und sah sie nur spöttisch an. Diesen Blick unterstrich ich, indem ich die Luft heftig durch die Nase ausblies. Einmal machte sie mich zum Beispiel wütend, weil sie meine Anrede für „Gott“ kritisierte. Wir mussten reihum zu Beginn der Stunde eine kleine Ansprache zu einem Thema der Bibel halten. Ich wählte die Pharisäer, die ja auch scheinheilig gewesen sein sollen. Im Schlussgebet sagte ich: „Lieber Gott, …“ „Man sagt *Herrgott* und nicht: lieber Gott!“, tadelte mich daraufhin die Lehrerin. Herrgott noch mal, dachte ich, für mich ist er ein lieber Gott.

Nach dem Krieg mussten wir unsere Nahrung durch Hamstern ergänzen. Auf der Grube erhielten die Männer eine Zigarettenzuteilung. Den größten Teil davon brachten wir den Bauern. Dafür bekam man zweitklassige tierische Produkte. Zum Hamstern fuhr aber nur meine Mutter. Mein Vater hätte sich nicht dazu herabgelassen. Vielleicht war er auch zu feige. Offiziell war es verboten. In den sporadisch verkehrenden Zügen fanden Kontrollen statt. Dann hieß es schnell weglaufen. Meine Mutter schaffte es immer, ihre Schätze nach Hause zu bringen. Auch für sie war es nicht leicht, an wildfremde Bauernhäuser zu klopfen und um Lebensmittel zu betteln.

Im Hunsrück, in der Nähe von Sobernheim, wo meine Großmutter herstammte, hatten wir Bekannte auf einem Bauerndorf. Meine Mutter machte sich zusammen mit meinem Bruder und mir dorthin auf den Weg zwecks Organisierung von Lebensmitteln. Zum Tauschen hatten wir neben Zigaretten einen hölzernen

Puppenwagen (den mein Vater für mich gebastelt hatte) dabei. Dieser musste zehn Kilometer weit auf den kleinen Rädchen über die holprige Straße geschoben werden. Immer wieder fragten wir Kinder: „Mutti, ist es noch weit?“ Ich war neun und mein Bruder fünf Jahre alt. Als wir dann endlich nach einer Ewigkeit den typischen Bauerndorfgeruch witterten, waren wir heilfroh. Noch heute löst dieser Geruch Wohlgefallen bei mir aus. Erschöpft und hungrig trafen wir bei der bekannten Bauernfamilie ein. Die saß gerade um den Tisch, um sich an köstlichem Gebäck gütlich zu tun. Bei diesem Anblick lief uns das Wasser im Munde zusammen. In Windeseile räumten die Schwiegereltern sämtliche Kuchen vom Tisch und ließen uns nur ein paar mickrige, fast ungenießbare Kuchenreste stehen. Trotz unseres großen Hungers aßen wir sie nur mit Widerwillen.

Die Zigaretten nahmen die Bauern gern im Tausch, doch den Puppenwagen wurden wir nicht los. Da wir ihn jedoch nicht wieder den langen Weg zurückschleppen wollten, ließen wir ihn in einer Ecke stehen. So opferte ich mit neun meinen einzigen Puppenwagen, den ich je besaß. Die Schwiegertochter der Bauern war die Freundin meiner Mutter. Sie hätte uns gern mehr zu essen geschenkt, doch sie konnte nichts machen, weil sie in dieser Familie selbst nicht willkommen war. Als ihr Mann sehr spät aus der russischen Kriegsgefangenschaft nach Hause kam, behandelte man sie etwas besser.

Bauern waren nach verschiedenen schlechten Erfahrungen mit ihnen nicht gerade beliebt bei uns. Sie profitierten von der Hungersnot nach dem Krieg. Bei ihnen stapelten sich die Silberbestecke, die Bettwäsche und andere Kostbarkeiten, die man ihnen für einen Apfel und ein Ei notgedrungen überlassen musste. Inzwischen hat die Gerechtigkeit das längst wieder ausgeglichen. Ich trage ihnen nichts mehr nach und hoffe, dass es ihnen gut geht. Heutzutage müssen sie sich doch ganz schön abrackern für ein relativ bescheidenes Einkommen. Vielleicht haben manche von ihnen ja noch ein paar Silberbestecke zu verkaufen. (Das war jetzt ziemlich ironisch, aber nicht böse gemeint.)

Die Grube sorgte auch dafür, dass ihre Arbeiter und Angestellten kräftig genug für diese schwere, wichtige Arbeit waren. Sie richtete Suppenküchen ein. Bei uns hieß es *Kaffeeküche*. Jeden Tag brachte mein Vater einen Henkeltopf mit dicker Suppe, Lyoner Wurst und Brot nach Hause. Er bekam immer noch einen Extranachschlag obendrauf und manchmal ein zweites Stück Wurst, weil die Suppenverteilerin Lilli anscheinend in ihn verliebt war. Das erzählte er uns. „Ja, die Lilli kann mich gut leiden“, sagte er stolz. Eifersucht kam nicht auf, wenn man dafür eine größere Essensportion erhielt. Dafür teilte mein Vater großzügig seine Ration mit uns.

Süßigkeiten, Schokolade, Apfelsinen, Bananen oder andere exotische Früchte gab es lange nicht. Irgendwann lagen dicke, harte grüne Bälle in unserem kleinen Gemüseladen. Wir wussten nicht, was das war. Sie schienen ungenießbar zu sein. Trotzdem kauften wir eine Menge davon und legten sie oben auf den Küchenschrank. Anscheinend fanden sie trotz des Mangels an Waren keinen reißenden Absatz. Wenn es gleich nach dem Krieg irgendetwas frei zu kaufen gab, griff man meist zu, egal ob man es gebrauchen konnte oder nicht. Wir hatten die Bälle schon fast vergessen. Als wir dann nach einiger Zeit einen aufschnitten, staunten wir über das herrliche Aroma und begannen begeistert zu mampfen. Nie wieder habe ich solch herrliche, saftige, aromatische Melonen gegessen. Dies war die einzige Zuteilung. Danach mussten wir lange warten, bis es mal wieder Melonen gab. Die Franzosen aßen sie wohl auch gern und behielten sie lieber für sich.

Meine erste Apfelsine habe ich im Mund eines Mexikaners (mit Schale natürlich), der gerade die Nahe durchschwamm, gesehen. Er gehörte zur amerikanischen Besatzung. Mutter und wir Kinder waren freiwillig im letzten Kriegsjahr in ihr mütterliches Heimatdorf in die Evakuierung gegangen. Dort hatte sie einen Onkel, bei dem wir wohnen konnten. Ausgerechnet dieses winzige Dorf wurde dann von den Deutschen gegen die Amerikaner verteidigt. Wir saßen zwei Tage und Nächte in alten, baufälligen, überfüllten Kellern unter Scheunen. Rings um uns brannten die Häuser ab. Aber wir hatten Glück und kamen heil wieder aus der Unterwelt hervor. Niemand war umgekommen, nur im Nachbardorf gab es einen Toten.

Am Kellerausgang sah ich den ersten Amerikaner meines Lebens stehen. Er hatte Igelhaare und mindestens so viel Angst wie wir, sah aber recht nett aus. Von den deutschen Soldaten haben nicht sehr viele überlebt. Sie hatten danach ihre Gräber auf dem kleinen Dorffriedhof. Kurz vor der Schlacht sprach mich ein deutscher Soldat draußen an und schenkte mir eine Kinder-Nähmaschine. Sicher war sie für seine Tochter bestimmt. Doch er musste einsehen, dass er entweder ins Jenseits oder in Gefangenschaft kommen würde. Eine Nähmaschine konnte er dahin nicht mitnehmen.

Nach Ankunft der Amerikaner gingen wir zu einer Tante nach Sobernheim. Es war Mai und herrliches Wetter. So verbrachten wir die ersten Nachkriegsmonate schwimmend in der Nahe in angenehmer Gesellschaft der amerikanischen Besatzer, während die Männer in der Gefangenschaft darbten. Wir hatten viel Glück, dass wir nicht in einer zerstörten Großstadt überleben mussten. Die Amis schenkten uns Schokolade und der Mexikaner brachte uns die erste Apfelsine. Sie wurde in mehrere Stücke geteilt und jeder von uns bekam eine Spalte.

Die hübschen jungen Frauen, deren Männer in Gefangenschaft waren oder die noch ledig waren, schafften sich fast alle einen amerikanischen Boyfriend an. Schnell lernten sie, „I love you“ zu sagen. Auch meine Mutter ging mit einem sehr sympathischen jungen Amerikaner spazieren. Ob sie sonst noch etwas mit ihm tat, weiß ich nicht. Er erzählte ihr von seiner Familie und schenkte ihr einen goldenen Freundschaftsring, der noch heute mein Lieblingsring ist, den ich nie abziehe und voraussichtlich mit ins Grab nehmen werde. Die Amerikaner versorgten ihre Freundinnen mit allerlei Leckerbissen. Ich nehme fast an, dass meine Mutter hauptsächlich an das Wohl ihrer Kinder dachte, als sie meinem Vater nicht ganz treu blieb. So waren die Frauen und Kinder maßgeblich an der Versöhnung der ehemaligen Feinde beteiligt.

Eines Tages hörten wir, dass ein Zug nach Kreuznach fuhr. In der Hoffnung, dort etwas Essbares auftreiben zu können, fuhren wir mit. Sobernheim ist ja nicht sehr weit von Kreuznach entfernt. Als wir ankamen, konnte uns niemand sagen, wann der Zug zurückfahren würde. Daher hatten wir nicht den Mut, auszusteigen und in die Stadt zu gehen. Wir hängten uns ans Fenster und beobachteten die zahlreichen deutschen Soldaten, die aus der amerikanischen Gefangenschaft kamen. Hedy, die Cousine meiner Mutter, machte Scherze und rief immer wieder: „Guck mal, da kommt dein Mann!“ Beim ersten Mal fielen wir darauf herein, doch dann glaubten wir ihr nicht mehr. Nach einer Weile schrie sie wieder: „Dein Mann! Dein Mann!“, und zeigte auf einen Soldaten, der direkt auf unser Abteil zuschlurfte, müde und mit gesenktem Blick im langen, schwarzen Kleppermantel und mit einer Schirmkappe („Afrika-Mütze“ nannte man solche Kappen) auf dem Kopf.

Hedys Schrei ließ ihn aufblicken. Und wer war es? Der Mann meiner Mutter, unser Vater! Sollte das etwa ein Zufall gewesen sein?! Wir konnten es kaum glauben! Er hatte geahnt, dass wir in Eckweiler waren, obwohl die Post damals schon nicht mehr funktionierte, und hatte sich dorthin aus der Gefangenschaft entlassen lassen. Wir waren also just im richtigen Augenblick in Kreuznach, um ihn abzuholen. Das ist nur einer der vielen „Zufälle“, die mir in meinem Leben begegnet sind.

Vater hatte uns sogar etwas mitgebracht: seinen Reiseproviant. Unterwegs hatten ihn wildfremde Frauen auf der Straße angesprochen und gefragt: „Soldat, haben Sie Hunger? Möchten Sie mit mir kommen und etwas essen?“ Er hatte die Kekse für uns aufbewahrt und wir machten uns nun gleich im Zug freudig darüber her. Er blieb nur ein paar Tage bei uns in Sobernheim, weil er zurück nach Göttelborn musste, um sich um seinen Job zu kümmern.

Mutter und uns Kindern gefiel es recht gut an der Nahe. Wir konnten auch nicht gleich mit ihm zurückfahren, weil die Zugverbindungen noch sehr sporadisch waren. Vater schlug sich irgendwie durch. Wir brauchten ja außerdem einen kleinen Lastwagen wegen unserer Möbel.

Unsere Eltern hatten sich etwas entfremdet. Mutter hatte es nicht besonders eilig mit der Heimreise. Vielleicht fiel ihr der Abschied von dem netten Amerikaner schwer. Irgendwann riet ihr dann Tante Lieschen: „Du solltest jetzt doch langsam sehen, dass du nach Hause zu deinem Mann kommst, sonst will er dich am Ende nicht mehr.“

Das hätte wirklich passieren können. Inzwischen erzählte ihm nämlich seine Familie brühwarm, dass während der letzten Kriegsjahre in unserem Haus Partys mit den deutschen Soldaten der Nachhut gefeiert worden waren. Das gefiel ihm natürlich nicht besonders. Allerdings war ihm bewusst, dass der Krieg alles ändert, auch die Moral. Die Feste wurden gefeiert, wie sie fielen, auch wenn die Ehemänner vielleicht auch gerade fielen. „Wer weiß, ob wir den nächsten Tag überleben“, sagte man fatalistisch.

Sobald es ging, holte Vater uns mit einem Lastwagen der Grube ab. Ein neues altes Leben begann. Von den Sünden wurde, soviel ich weiß, nicht gesprochen. Sie wurden ad acta gelegt. Der Krieg war überstanden, und jetzt musste man an die Zukunft denken.

Bevor meine Mutter und wir Kinder den Industrieort verließen, um uns in dem kleinen Bauerndorf in Sicherheit zu bringen, hörten wir schon das Grollen der Geschütze in der Ferne an der französischen Grenze. Angst hatten wir aber seltsamerweise nicht wirklich. Am letzten Abend kochten wir noch alle eingelegten Eier und aßen so viel davon, wie wir konnten. Danach dachte ich, dass ich in meinem ganzen Leben kein einziges Ei mehr würde essen können.

Die Fahrt in einem Lastwagen der deutschen Soldaten, die in unserem Dorf stationiert waren, empfand ich als großes Abenteuer. Wir kamen in der Nacht ohne Licht nur langsam voran. Ein deutscher Offizier, der unsere Mutter gut leiden konnte, stellte uns das Auto zur Verfügung. Wir nahmen unsere Betten und einige andere Möbelstücke mit. Allerdings musste meine Mutter dafür ihre Gitarre in Zahlung geben. Dieser Verlust hat mich lange geschmerzt. Es war nämlich immer so schön gewesen, wenn Mutti unsere Weihnachtslieder auf der Gitarre begleitete. Sie konnte nur wenige Griffe, aber dafür reichte es. Besonders gefiel es mir, wie sie ihren Kopf über die Seiten senkte.

In Göttelborn machten wir uns während der letzten für uns gefährlichen Kriegsjahre selbst Mut, indem wir oft mit Überzeugung sagten: „Wir gehören zu den Überlebenden!" Saarbrücken, das nur 15 Kilometer von uns entfernt lag, bombten die Flieger zur Ruine. Wir sahen es von Weitem. Auch über unser Dorf kamen oft Tiefflieger. Sie warfen aber nichts ab. Vielleicht dachten die „Feinde", dass die Grube ihnen nach dem Krieg noch nützlich sein könnte. Klärchen, die Freundin meiner Mutter, hatte ein altes Auto in der Garage stehen. Damit wollten wir flüchten, wenn es ganz schlimm kommen sollte. Wir dachten allerdings nicht an das fehlende Benzin.

Apfelsinen wurden in unserer Familie lange Zeit, auch als die Not vorbei war, immer noch geteilt. Zwei reichten für vier Personen. Die Hälften sind in der Regel nicht genau gleich groß. So wechselten wir gerechterweise ab.

Mangels Süßigkeiten kaufte ich mir manchmal frische Hefe in der Bäckerei mit der dicken Frau und aß sie sofort an Ort und Stelle auf der Treppe sitzend. Ich liebte den leicht säuerlichen Geschmack und die Konsistenz. In der Drogerie fand ich Vitamin-C-Tabletten. Sie waren extrem sauer. Trotzdem lutschte ich sie mit Genuss. Das war auch schon alles an zusätzlichem Luxus.

Besonders akut war der Mangel an Schuhen nach dem Krieg. Ich hatte nur noch ein Paar hässliche hohe Schnürschuhe, die ich auch im Frühling und Sommer anziehen musste. Heute trage ich ähnliche und finde sie hip. Einmal versuchte ich mir Papiersandalen mit Schnüren zu basteln, die natürlich sofort zerrissen. Oft lief ich auch barfuß. Ich liebte den direkten Kontakt mit der Erde. Als mein Vater aus der Gefangenschaft zurück war und wieder seiner Arbeit in der Grube nachging, hatte er Gelegenheit, an Gummi alter Kohleförderbänder heranzukommen. Daraus fabrizierte er mir Sandalen. Alle liefen mit solchen Dingern herum. Sie waren richtig stabil und bequem. Ich war selig.

Mein Vater konnte seine Stelle im Markscheiderbüro behalten. Seine nationalsozialistische Vergangenheit zog allerdings Konsequenzen nach sich. Er wurde entnazifiziert. Das bedeutete, dass er gehaltsmäßig zurückgestuft wurde. Dem Onkel, der im gleichen Haus wohnte, ging es ebenso. Während mein Vater die Schmach mit Würde und Gelassenheit hinnahm, wurde der Onkel von hysterischen Anfällen heimgesucht. Jedes Mal, wenn es wieder so weit war, kam seine Frau zu uns gelaufen, um sich unsere grobe Wurzelbürste auszuleihen. Während ihr Mann auf der Couch liegend jammerte und winselte, bürstete sie ihm kräftig die Fußsohlen. Das beruhigte ihn und brachte ihn wieder zur Besinnung. Sein Stolz war arg gebeutelt.

Eines Tages erschienen offizielle Männer in unserer Wohnung und inspizierten Möbel und Bettwäsche. Zwei Sessel, ein Schreibtisch und Bettwäsche fanden Gnade vor ihren Augen und wurden requiriert. Sie waren für die Franzosen bestimmt, die von nun an das Sagen im Saarland hatten. Ich hing an unseren Möbeln und war sehr betrübt. Sie wurden nicht sofort mitgenommen. Deshalb hatte ich noch die vage Hoffnung, das Ganze würde sich im Sande verlaufen. Leider wurde ich eines Besseren belehrt. Ausgerechnet als meine Eltern nicht zu Hause waren und mein Vetter Ingo und ich allein in der Küche spielten, kamen die bösen Männer, um unsere Möbel wegzutragen. Wir dachten, dass wir das Schicksal abwenden könnten, indem wir schnell die Tür zum Treppenhaus absperrten, als die Schritte nahten. Wir Kinder saßen, erstarrt vor Angst, mucksmäuschenstill unterm Tisch. Immer wieder klopfte es an die Tür. Schließlich entfernten sich die Möbelklauer. Bald kamen sie allerdings mit meinen Eltern zurück und walteten ihres Amtes. Von nun an war unser Wohnzimmer ziemlich kahl und relativ ungemütlich. Jahre später bekamen wir einen Sessel und den Schreibtisch zurück. Sie sahen natürlich nicht mehr neu aus.

Das Nazisein meines Vaters hatte auch Folgen für mich. In der Volksschule stand ich eines Tages, nichts Böses ahnend, in der Pause an die Hauswand gelehnt, als ein großer, circa fünf Jahre älterer Junge vor mir stehen blieb und mir eine Ohrfeige gab. Ich blickte verdattert fragend zu ihm auf, und er klärte mich auf: „Das ist dafür, dass dein Vater ein Nazi war." So lernte ich am eigenen Leibe, was Sippenhaft bedeutet. Danach passierte meiner Familie meines Wissens in dieser Richtung nichts mehr. Jeder war vollauf damit beschäftigt, den Alltag zu bewältigen und ganz allmählich wieder auf die Füße zu kommen, in psychischer wie in materieller Hinsicht. Die alte „Schuld" war getilgt oder wurde unter den Teppich gekehrt. Fortan war dieses Thema irgendwie tabu. Es wurde so gut wie nicht mehr darüber gesprochen. Jahre später sprach ich meinen Vater daraufhin an. Er antwortete ungehalten: „Habe ich denn alles im Leben falsch gemacht?" Er beteuerte jedoch ebenfalls, dass er nie mehr im Leben einer Partei beitreten würde.

Als meine hübsche dunkelhaarige Cousine Ingrid 1950 einen französischen Bergbauingenieur heiratete, waren wir endgültig mit den Franzosen versöhnt. Allerdings musste er sich bei seiner Behörde vor der Eheschließung zuerst eine Genehmigung dazu einholen. Die Verhältnisse waren halt immer noch nicht wieder völlig normal. Vermischung der Nationalitäten unterlag noch gewissen Restriktionen. Alle jungen Frauen unseres Dorfes, die auch gern eine gute Partie gemacht hätten, beneideten meine Cousine. Sie fuhr nämlich nun im Studebaker zum Bäcker und Metzger, wenn sie bei ihren Eltern zu Besuch war. Das war eine Sensation in einer Zeit, als noch kein normaler Sterblicher ein Auto besaß. Ich hoffte natürlich auch, irgendwann – wie meine Cousine – einem reichen Traumprinzen zu begegnen. Meine Sterne hatten allerdings eine andere Konstellation.

Noch eine weitere banale Sache machte uns in der Kindheit und Jugend zu schaffen. Das waren die Strümpfe. Als Kind trug man im Winter lange, kratzige Wollstrümpfe, Jungen wie Mädchen. Lange Hosen waren unüblich. Die Strümpfe befestigte man mithilfe seltsamer Knöpfchen an Strumpfbändern, die von einem Leibchen herunterbaumelten. Ich hasste das ziepende Gefühl an den Hüften. Nach dem Krieg gab es keine neuen Strümpfe zu kaufen. Die alten mussten also gestopft werden, bis nicht mehr viel von dem ursprünglichen Gewirk übrig war. Stopfen lernte man bereits in der Schule.

Als ich etwa 13 war, kamen neue Beinkleider auf den Markt: Nylonstrümpfe. Sie waren unelastisch mit einer Naht hinten. Befestigt wurden sie nun an Taillenstrumpfbandhaltern, die ebenfalls unbequem waren. Meine Leibchen wurden durch Büstenhalter ersetzt. Mutter hatte noch einen kleinen aus ihrer Jungmädchenzeit. Den erbte ich. Die Nylonstrümpfe waren sehr teuer und gingen schnell kaputt. Laufmaschen waren eine Schande. Auch verdrehte Nähte wirkten unfein. Immer wieder guckte man verstohlen nach hinten die Beine hinunter, um zu kontrollieren und, wenn nötig, die Naht wieder in die Mitte der Wade zu schieben. Manchmal half nur Verstellen der Strumpfbänder, wozu man sich in eine vor Blicken geschützte Ecke stellte. Die Strümpfe verrutschten auch gern. Das machte einen schier verrückt.

Viel Taschengeld ging so für neue Nylonstrümpfe drauf. Warm hielten sie im Winter auch nicht. Dazu trug man hochhackige Schuhe (sobald sie in den Geschäften vorrätig waren), winters wie sommers. Ich hatte manchmal Frostbeulen an den Fersen und Zehen. Wie gut hat man es dagegen heute mit Strumpfhosen: fein oder blickdicht, die elastisch jede Bewegung mitmachen. Dieses Wohlgefühl weiß ich immer noch dankbar zu schätzen.

Annäherung der Geschlechter

Ein absolutes Tabu für Mädchen war es in früheren Zeiten, den ersten Schritt in der Liebe zu tun. In der Praxis wurde das vielleicht nicht immer eingehalten. Eine Frau musste jedoch so geschickt und listig dabei vorgehen, dass der Mann überzeugt war, selbst die Initiative ergriffen zu haben. Sein empfindsames Gemüt und sein Ehrgefühl wurden mit Samthandschuhen angefasst und mit Raffinesse gelenkt. Ich hatte keine Lust, solche Taktiken anzuwenden, und zog den direkten Weg vor. Damit fiel ich jedoch öfter ziemlich unsanft auf die Nase und leckte danach gekränkt meine Wunden.

Es begann bereits, als ich 16 bis 17 Jahre jung war. In meiner Schule tauchte eines Tages ein junger Lehrer von etwa 24 Jahren mit Namen Hoppstetter auf. Das war ungewöhnlich. Vorher gab es nur Lehrerinnen, die fast alle mindestens 50 und unverheiratet waren. Nach dem Krieg fehlte es anscheinend an Nachwuchs. Der Neue war blond und schön. Wir tauften ihn Apoll und folgten ihm gickelnd während der Pausen, wenn er Aufsicht auf dem Hof hatte, in einer langen Schlange.

Ich verliebte mich unsterblich in Apoll. Kurz vor der Abschlussprüfung machte ich mir Sorgen, dass ich ihn bald nie mehr sehen würde, und trauerte bereits im Voraus. Es gab nur einen Ausweg: Ich musste ihn auf mich aufmerksam machen. Also schrieb ich ihm einen anonymen Brief und erklärte ihm, dass ich ihn sehr gernhätte. (Das Wort Liebe vermied ich vorsichtshalber.) Er würde mich daran erkennen, dass ich ihn immer besonders freundlich grüße, ließ ich ihn wissen.

Wochen vergingen. Nichts geschah. Die Abschlussprüfung war geschafft. Am letzten Tag war es den Schülerinnen gestattet, das Lehrerzimmer zu betreten, um den Lehrern und Lehrerinnen die Hand zum Abschied zu schütteln. Ich ging allein ins Lehrerzimmer, und wer stand vor mir? Apoll. Es durchfuhr mich wie ein Blitz. Ich ging auf ihn zu, sah ihn bedeutungsvoll an und streckte ihm die Hand hin. Er war nie mein Lehrer gewesen, wir kannten uns also nicht direkt. Sofort spürte ich, dass bei ihm der Groschen gefallen war. Er sagte nur kurz, dass er oben irgendwo im Flur auf mich warten würde. Ich war gleichzeitig selig und furchtbar aufgeregt. Als wir uns dann an der verabredeten Stelle wiedersahen, brachte ich kaum ein Wort heraus. Ihm ging es ähnlich. Er versprach nur, dass er mir schreiben würde. Wie er an meine Adresse gekommen war, weiß ich jetzt nicht mehr. Fast fluchtartig trennten wir uns.

Damals war es für einen jungen Lehrer sehr riskant, mit einer älteren Schülerin gesehen zu werden. Er wäre sicher sofort von der Schule geflogen. Da ich jedoch meinen Abschluss in der Tasche hatte, war die Gefahr für mich vorbei. Ich wusste genau, was mir geblüht hätte, wenn mein unerhörter Schritt ans Licht gekommen wäre. Deshalb hatte ich meinen Brief trotz aller Liebe anonym geschrieben. Man wusste ja nie. Schließlich kannte ich den Angebeteten nur vom Sehen. Und ich habe gut daran getan, nicht alle Vorsicht außer Acht zu lassen.

Als sein heiß ersehnter Brief endlich im Briefkasten meiner Eltern lag, öffnete ich ihn voller Vorfreude und fand mich bald am Boden zerstört wieder. In all meiner Naivität hatte ich es doch tatsächlich für möglich gehalten, dass er meine Gefühle erwidern könnte und mich so bald wie möglich treffen möchte. Stattdessen erteilte er mir nun in schulmeisterlichem Ton die Lektion, dass eine Frau nie den ersten Schritt tun dürfe und dass er außerdem bereits verlobt sei. Diesen Brief bewahre ich seit 50 Jahren auf, aber ganz bestimmt nicht, weil er mir so gut gefallen hätte. Ich neige nun mal dazu, alle schriftlichen Lebenszeugnisse (erfreuliche und unerfreuliche) in Schubladen oder Schuhkartons zu legen. Hier ist er:

Saarbrücken, den 15.7.53

Liebes Fräulein Guthörl!

Gleich zu Anfang: wir sind uns doch beide über die Ungewöhnlichkeit dieses Schrittes im Klaren, ungewöhnlich auch im Zeitalter der Gleichberechtigung der Frau.
Ich will nicht verbergen, dass ich damals, als ich Ihren Brief erhielt, durchaus nicht angenehm berührt war. Im ersten Ärger wollte ich ihn der Öffentlichkeit (des Kollegiums) und Sie damit der Lächerlichkeit preisgeben. Bei näherer Überlegung erschien mir das angesichts des menschlichen Vertrauens, das die Schreiberin, die ich ja nicht kannte, in mich setzte, als unfair und unritterlich. So wartete ich denn ab, was daraus werden würde. Am Ende hatte ich es gar vergessen, bis zu dem letzten Tag, an dem ich es „merkte".
Vielleicht ist Ihnen nicht verständlich, was Ihren Schritt in meinen Augen ungewöhnlich erscheinen lässt. Da müssen wir uns zunächst einmal über Ihr Hauptargument unterhalten, die Gleichberechtigung der Frau. Ich darf ein wenig weiter ausholen: Die Gesetzgebung und auch das ungeschriebene Sittengesetz der vergangenen Jahrhunderte hat die Frau sehr nachteilig behandelt und dem Mann ein deutliches Übergewicht an Verantwortung, Anerkennung und Entscheidungskraft zugestanden. Das entsprach der menschlichen und gesellschaftlichen Stellung, die die Frau damals einnahm. Sie war Hausfrau, Mutter und Erzieherin ihrer Kinder. Mit dem gesellschaftlichen Strukturwandel zu Ende des vergangenen und zu Anfang unseres Jahrhunderts haben sich der Frau neue Tätigkeitsfelder geöffnet: sie ist durch Bildung, Berufsausbildung, Können und ein neues Verhältnis zu den Aufgaben des öffentlichen Lebens in eine Verantwortlichkeit gestellt, die der des Mannes nicht nachsteht. So hat

sich also manches gewandelt, eines aber ist unwandelbar geblieben: die Verschiedenheit der beiden Geschlechter. Vom Augenblick der Geburt an sind Mann und Frau grundlegend anders und bleiben es nach göttlichem Willen bis zu ihrem Tode. Die Verschiedenartigkeit hat ihre tiefe Bedeutung: ohne sie könnte das Zusammenleben der Geschlechter nicht vor sich gehen. Die Verschiedenheit der Geschlechter ist auch die Grundlage all der Beziehungen, die es zwischen Mann und Frau gibt. In Erkenntnis der körperlichen Unterlegenheit der Frau haben ritterliche Männer aller Zeiten ihre Kraft und Klugheit in den Dienst der Frau gestellt. All die Beweise männlicher Verehrung und Ehrfurcht sind ohne die Andersartigkeit der Frau nicht denkbar. Wenn aber die moderne Frau heute versucht, ihre Verschiedenheit vom Manne wegzuleugnen, um damit größere Anerkennung zu finden, begibt sie sich all der Vorrechte, die der Mann ihr freiwillig einräumte. Er wird die Frau behandeln wie seinen Freund: kameradschaftlich, aber ohne Ehrerbietung und jene Zeichen äußerer Verehrung, auf die die Frauen so viel Wert legen. Dass diese Haltung bei den modernen Männern überhandnimmt, lässt sich unschwer beobachten. Die Kavaliere sterben aus! Das also ist mein schweres Bedenken gegen die von Ihnen so aufgefasste Gleichberechtigung der Frau. Ich meine: es darf nie so sein, dass eine Frau sich einem Manne nähert. Das hat sie nicht nötig, das ist Sache des Mannes. Wenn er für eine Frau etwas empfindet, wird er Wege finden, sich ihr bemerkbar zu machen. Ganz sicher! Bemerkt er aber eine Frau gar nicht, so gibt es zwei Möglichkeiten: a) er will sie nicht bemerken (aus irgendeinem Grunde) b) sie bedeutet ihm nichts.

In beiden Fällen wird eine Bemühung von Seiten der Frau keine Änderung zur Folge haben. Beziehen Sie das auf un-

sern Fall: ich will Sie nicht bemerken, weil ich es nicht darf, da ich nicht mehr frei bin. Ihre Einschaltung könnte also schlimmstenfalls zur Stiftung von Unruhe bzw. Entzweiung führen. Ich weiß, dass Sie das keine Minute beabsichtigten. Aber so ist es: nach dem Plan der Natur ist es Aufgabe des Mannes, voranzugehen, jeder Versuch der Frau, „corriger la fortune“ zu spielen, wird schiefgehen. Die Erfahrung beweist es.

So, nun habe ich Ihnen eine Vorlesung ganz privatissime et gratissime gehalten. Sind Sie sehr enttäuscht? Nehmen Sie meine Worte als die Meinung eines Mannes, der es aufrichtig mit Ihnen meint. Seien Sie geduldig, Gott hat mit jedem Menschen seinen Plan. Auch mit Ihnen.

Mit guten Wünschen
J.H.

Ich war wie vom Donner gerührt. Meine Mutter fragte besorgt: „Was hast du denn?“ Ich konnte nicht antworten, weil ich mich entsetzlich schämte. Mit dem Brief in der Hand flog ich die Treppe hinunter und flüchtete mich auf die scheußliche Toilette gegenüber der Haustür. Dort las ich den Brief erneut und brach in Tränen aus. Nachdem ich mich ein wenig beruhigt hatte, schlich ich wieder nach oben und zeigte meiner Mutter den Brief. Was sie dazu gesagt hat, habe ich vergessen. Auch wenn ich meiner Mutter fast alles erzählte, traf ich doch meine Entscheidungen unbeeinflusst selbst.

Heute weiß ich, dass mich mein Schutzengel vor diesem humorlosen Mann bewahrt hat. So körperlich den Frauen überlegen war er übrigens anscheinend doch nicht. Er ist nämlich bereits mit Anfang 40 gestorben und hinterließ Frau und Kinder. Vielleicht haben ihn die Verehrung und Ehrfurcht vor der Frau überanstrengt. Dem Ende seines Briefes kann ich allerdings zustimmen. Ich war geduldig, und Gottes Plan mit mir war wunderbar.

Jahre später sah ich meinen Schwarm von Weitem anlässlich eines Schuljubiläums wieder. Er machte auf der Bühne die Honneurs. Jetzt fand ich ihn überhaupt nicht mehr interessant und anziehend.

Komischerweise hatte ich gar nicht daran gedacht, ihn zu heiraten, als ich ihm schrieb. Eroberung und freie Liebe entsprachen wohl eher meinem Naturell. Anscheinend hatte ich einen guten Schuss Abenteuerblut in meinen Adern. Für ein 17 jähriges Mädchen von 1953, der prüden Nachkriegszeit, ganz schön „shocking".

Bereits mit sechs Jahren, am ersten Schultag, machte sich mein „unweibliches" Draufgängertum bemerkbar. In der Pause saß ich am Rand der Bank. Als der frechste kleine Junge mit Namen Fredi vorbeilief, stand ich spontan auf und küsste ihn. Danach war ich selbst über meinen Mut erschrocken und konnte mir gar nicht erklären, warum ich das getan hatte. Seine Keckheit gefiel mir ganz einfach. Einige Zeit später hing ich auf dem Spielplatz an den Ringen, die im Kreis herum schwangen. Fredi stieß mich an, damit ich in Schwung kam, und fasste mir dabei an eine bestimmte Stelle unterm Röckchen. Ich fand es durchaus nicht unangenehm.

Wenn ich jetzt zurückblicke, kommt es mir so vor, als ob ich Männer im Grunde besser verstehe als Frauen. Ich habe meine Mitschwestern sehr gern und möchte, dass sie alle Rechte bekommen; typisch weibliche Verhaltensweisen waren mir jedoch seit eh und je ziemlich rätselhaft. War etwa dies der Grund, dass ich bis zum Alter von 44 Jahren nie einen Mann getroffen habe, mit dem mich etwas Tiefergehendes verband? Einmal dachte ich hoffnungsfroh, einen Seelenfreund in einem luxemburgischen Schriftsteller (Roger Manderscheid) gefunden zu haben. Nach ein paar Monaten sagte er jedoch: „Ich liebe dich nicht."

Nach kräftigem Schlucken akzeptierte ich diese Tatsache und dachte, wir könnten trotzdem platonisch weiter miteinander befreundet bleiben. Ich schien ihm jedoch mit meinen spirituellen „Spinnereien" auf die Nerven zu gehen, sodass er nicht mal das wollte. Trotzdem bilde ich mir ein, dass ich ihn recht gut verstand, und ich habe auch seine luxemburgisch geschriebenen Bücher (die vor und nach unserer kurzen Zeit miteinander) mit viel liebender Aufmerksamkeit gelesen. Als wir uns vor einiger Zeit doch noch mal trafen (weil ich ihn darum gebeten hatte, mir meine Briefe, die ich ihm von Sylt aus geschrieben hatte, zurückzugeben), versuchte ich auszudrücken, dass ich seine Bücher sehr mag. Das scheint mir nicht wirklich gelungen zu sein. Danach brach unser Kontakt wieder ab. Immerhin war er inzwischen mit einer Luxemburgerin verheiratet. Heute bin ich sicher, dass alles so sein musste, sonst hätte ich meine Richtung verfehlt. Nicht lange nach unserem letzten Zusammentreffen hat er das Zeitliche gesegnet.

Wahrheitsliebe

Zu meiner jugendlichen Neigung, die Initiative zu ergreifen, gesellte sich die Liebe zur sogenannten Wahrheit. Eigentlich war es eher ein Gefühl der Selbstverständlichkeit als der Liebe. Den ersten schmerzlichen Zusammenstoß mit dieser Sache hatte ich ebenfalls im Alter von sechs Jahren, am zweiten Schultag. Ich hatte mich so sehr auf die Schule gefreut und verliebte mich auch prompt gleich am ersten Tag in die Lehrerin. Unzufrieden war ich nur mit der Sitzordnung. Die Lehrerin hatte mir nämlich einen Platz neben den „dreckigen" Kindern zugewiesen. Darüber beklagte ich mich bei meiner Mutter. Sie riet mir, die Lehrerin zu bitten, mich woanders hinzusetzen. Das beherzigte ich schnurstracks am zweiten Tag. Ich hob meinen Finger und sagte laut vor der ganzen Klasse: „Das Mädchen neben mir hat Läuse, und meine Mutter hat gesagt, dass ich Sie um einen andern Platz bitten soll." Das löste einen Eklat aus. Ich bekam von der netten Lehrerin gehörig eins auf den Deckel und das Läusemädchen drohte mir Haue an. Ziemlich verdattert und verstört lief ich nach Hause. Ich hatte doch nur die Wahrheit gesagt! Am Tag darauf erschien die Mutter des Mädchens bei meiner Mutter zu Hause, um sie zur Rede zu stellen. Meine Mutter reagierte klug. „Ich habe nicht gewusst, dass es sich um Ihre Tochter handelt", sagte sie besänftigend, „es tut mir sehr leid." Daraufhin beruhigte sich die Frau und der Streit war beigelegt.

Später durfte ich mich dann neben die Mädchen setzen, die mir gefielen. Läuse fing ich mir erst vier Jahre später ein, kurz bevor ich in die Mittelschule wechselte. Es war sehr unangenehm, weil das Kurprodukt höllisch auf der Kopfhaut brannte. Der Versuch, die Läuse und Nissen durch Absuchen und Knacken loszuwerden, war aussichtslos. Das können die Affen wohl besser. Ich hatte schöne lange Zöpfe. Nach der Behandlung war das Haar so verfilzt, dass nur noch Abschneiden half. Ich war es zufrieden, weil ich nun mit halblangen offenen Haaren viel erwachsener die neue Schule erobern konnte. Zöpfe waren doch nur was für kleine Mädchen, also für Kinder.

Mit elf und in der Schule der Stadt war die Kindheit tatsächlich mehr oder weniger vorbei. Der Ernst des Lebens begann und ich musste mich ohne die Hilfe meiner Mutter durchsetzen. Mein Vater hatte sich immer wenig um die Erziehung und Bewältigung der kindlichen Alltagsprobleme gekümmert. Als ich 1942 in die Volksschule kam, war er sowieso im Krieg. Der naive Mann meldete sich freiwillig schon vor 1939 zum Militär, angeblich, weil er dann die Waffengattung wählen könnte. Er wählte sich die Flammenwerfer aus, weil er gut die Entfernung ihrer Flugbahn berechnen konnte. Der Spieß hätte ihn immer dafür gelobt, wie er uns später weismachte. Ich antwortete: „Du wolltest wahrscheinlich auch mal ein Abenteuer erleben." Er lächelte ein wenig verlegen ob dieser Unterstellung und wies sie nicht empört von sich. Er brauchte eine Legitimierung, um etwas Ausgefallenes im Leben zu tun. Ohne Vorwand, seine Pflicht für das Vaterland erfüllen zu müssen, hätte er nie den Mut aufgebracht, sein Dorf zu verlassen. Die Motivation zur Anhänglichkeit war wahrscheinlich eher sein Konservatismus. Er hatte Glück und kam unverletzt nach kurzer amerikanischer Gefangenschaft nach Hause, obwohl er immer an der Front kämpfte. Nun mussten wir uns wieder aneinander gewöhnen. Seine Essmanieren hatten etwas gelitten während der derben Kriegszeit. Ich konnte es nicht ausstehen, wenn er Getränke und Suppe schlürfte. Dann sagte ich freches Gör: „Schlürf nicht so!", und er wurde wütend.

Bezüglich des Schlürfens meines Vaters möchte ich nun im Vergleich davon erzählen, wie mein Liebster – Abdallah, der Palästinenser – auch einmal ein wenig schlürfte, wie es in arabischen Ländern wahrscheinlich zum guten Ton gehört. Selbst bei ihm gefiel mir das nicht, doch hätte ich mir lieber die Zunge abgebissen, als zu sagen: „Schlürf nicht so!". Einen Moment später meinte er: „Nicht wahr, du hörst es nicht so gern, wenn ich ein Geräusch beim Trinken mache." Ganz leise antwortete ich mit Ja, und er hat es nie wieder getan. Anscheinend konnte er meine Gedanken lesen.

An dieser Stelle möchte ich noch ein anderes heikles Thema zur Sprache bringen: die Behandlung deutscher Kriegsgefangener durch die Amerikaner. Mein Vater berichtete uns, dass ein großer Teil der ehemaligen Soldaten erst in der Gefangenschaft gestorben ist. Sie mussten im regnerischen Frühjahr auf dem blanken Ackerboden liegen. Baracken gab es keine. Mein Vater und sein Kamerad gruben sich ein Loch und legten sich zum Schlafen hinein. Ihre Rettung war wahrscheinlich, dass mein Vater noch einen wasserdichten „Kleppermantel" besaß. Damit deckten sie sich beide zu und wärmten sich gegenseitig. Zu essen gab es nur nährstoffarme Minirationen. Im Allgemeinen wurden nur die Russen ob der schlechten Behandlung Gefangener beschuldigt; von Anklagen gegen die Amerikaner habe ich nie gehört. Der Vorteil in amerikanischen Lagern war lediglich, dass sie schneller aufgelöst wurden. Mein Vater verbrachte nur ein paar Wochen dort. Wahrscheinlich wollten sich die Amerikaner so schnell wie möglich wieder von dieser Last befreien. Auch heute noch zeigen sie ja keine große Begabung in der Friedensarbeit in einem Land, das sie besiegt oder „befreit" haben.

Inzwischen hatte ich gelernt, dass die „Wahrheit" auszusprechen, nicht immer ratsam ist. Meine Lehre zog ich jedoch nicht daraus. Immer wieder kam es vor, dass ich Dinge aussprach oder schrieb, die den Betreffenden nicht gefielen und die mich folglich in die Bredouille brachten. Ich dachte, was nutzt eine Beziehung, wenn man sich nicht ehrlich mit dem Partner auseinandersetzt? Ich denke nicht, dass ich die Absicht hatte, jemanden zu verletzen, sondern fand es einfach nur uninteressant und inakzeptabel, alles mit dem Mantel der Nachsicht zuzudecken. Ich war und bin durchaus bereit, auch selbst Vorwürfe oder Kritiken einzustecken und darüber nachzudenken, wo ich mich verändern müsste.

Dazu fallen mir ein paar Verse ein:

Die Wahrheit

Die Wahrheit schlüpfte aus dem Mund
und kannte sich nicht wieder.
War sie denn vorher schon so bunt?
Sie fand sich eher bieder.

Ein Chamäleon
war sie immer schon.
Das hat sie nur noch nicht gewusst.
Und schnell lief sie davon.

Nun irrt sie in der Welt umher
und kann sich nicht mehr leiden.
Das Herz ist ihr so liebeleer.
Wie soll sie sich entscheiden?

Geht sie zurück in ein Gehirn
und hält sich dort verborgen,
steht sie bestimmt bald auf der Stirn
und macht sich neue Sorgen.

Die Wahrheit dreht und wendet sich.
Sie tanzt durch alle Straßen,
und sie blamiert sich fürchterlich,
ganz über alle Maßen.

Sie klopft an viele Türen an,
denn sie hat keine Eile.
Bei Edel- wie bei Biedermann
trifft sie nur Langeweile.

Nun ist sie wieder ganz allein
mit ihren Idealen
und möchte nur noch zärtlich sein
und bunte Bilder malen.

Ein Chamäleon
war sie immer schon.
Das hat sie nur noch nicht gewusst.
Sehr schnell läuft sie davon.

Auch Rücksichtnahme fand ich schon in jungen Jahren wichtig, nicht weil ich so tugendhaft war, sondern weil es mir logisch erschien, dass man andere nicht schlechter behandeln kann, als man es selbst erfahren möchte. Das wäre doch ungerecht. Außerdem ist es gefährlich: Bekanntlich schallt es aus dem Wald heraus, wie man hineinruft.

Als wir mit etwa 16 Jahren eine Klassenfahrt mit Übernachtung in einer Jugendherberge machten, tobten meine Klassenkameradinnen wie wild im Schlafsaal herum. Immer wieder kam unsere liebe Deutschlehrerin, Fräulein André, im langen Nachthemd herein und bat flehentlich um Ruhe, damit die müden Wandergäste schlafen könnten. Sie tat mir leid, und ich sagte zu den anderen: „Dann seid doch endlich mal still, damit die Leute schlafen können!“

Das kam gar nicht gut an. Geschlossen, mit einer Ausnahme, beschimpften sie mich, unsolidarisch zu sein, weil ich mich auf die Seite der Lehrerin stellte. Auch meine beste Freundin, die mich schon einmal schmählich verraten hatte, hielt mir nicht die Stange und zog es vor, mit der Mehrheit zu jaulen. Nur Helga Heinz, die vorher von den anderen ausgelacht worden war, weil sie mit 16 noch ein Leibchen statt Büstenhalter trug, hielt zu mir. Das habe ich ihr hoch angerechnet. Noch heute telefonieren wir ab und zu miteinander. Der Rest sprach an diesem Abend nicht mehr mit mir. Am nächsten Tag glätteten sich die Wogen jedoch wieder.

Eltern

Wenn ich zuweilen etwas kritisch über meinen Vater schreibe, darf man daraus nicht ableiten, er sei ein minderwertiger Mensch gewesen. Er war sehr anständig, nie vulgär, bescheiden, fleißig und lieferte brav sein Gehalt zu Hause ab. Er wusste genau, dass seine Frau das Geld nicht verschwendete. Er sagte immer: „Meine Frau ist mein Finanzminister." Psychisch war er wahrscheinlich ein wenig schwach. Fremden gegenüber fehlte es ihm etwas an Durchsetzungsvermögen. Das kompensierte er bei Frau und Kindern, indem er oft herummeckerte und schlecht gelaunt war.

Möglicherweise war er so geworden, weil er in seiner Kindheit und Jugend bei seinen zahlreichen Geschwistern nicht zu Wort kam. Die dachten, dass er still und sanft wäre. Wenn wir Kinder nicht auf ihn hörten und er seine Autorität infrage gestellt sah, wurde er ziemlich ungehalten. Wir konnten seine ängstlichen Ratschläge leider nicht beherzigen, weil wir, mein jüngerer Bruder und ich, unser eigenes Leben führen wollten, und nicht so eingeschränkt, wie er die Welt wahrnahm und darauf reagierte. Er wollte auch auf keinen Fall, dass seine Frau außer Haus arbeitete. „Ich kann meine Frau ernähren", war sein Argument. Meine Mutter hat manchmal einer Freundin in ihrem Schuhgeschäft beim Verkaufen geholfen. Das hat ihr Spaß gemacht. Mein Vater jedoch sah es nicht gern. Sein schwaches Selbstbewusstsein verkraftete es wahrscheinlich nicht, wenn sie mehr Freiheit gehabt hätte.

Außerdem wollte er bedient werden, wenn er von der Arbeit nach Hause kam. Meine Mutter dachte, es sei ihre Pflicht – als Ehefrau –, auf ihre Selbstverwirklichung zu verzichten. Den Mut, selbst für sich zu sorgen, hätte sie allerdings nicht gehabt. Manchmal sagte sie zu mir: „Ich würde mich am liebsten scheiden lassen." Doch das war sicher nicht ganz ernst gemeint. Damals waren die Scheidungsgesetze noch nicht frauenfreundlich.

Wenn eine Frau ohne schwerwiegenden Grund ihren Mann verließ, war das böswilliges Verlassen, und sie hätte wohl keinen Unterhalt und keine Rente bekommen. Das Gehalt eines Angestellten war auch zu gering, um damit zwei Haushalte zu finanzieren. Also arrangierten sich die Frauen und waren selten wirklich glücklich in ihren Zwangsehen. Die jungen Frauen von heute können sich kaum vorstellen, wie schwer es vor 50 Jahren war, aus einer Ehe auszubrechen. Heute haben fast alle ihren eigenen Beruf, und sie müssen sich dem Mann nicht mehr unterordnen und sich alles bieten lassen. Dafür rächten sie sich früher dann subtil mit verletzenden Spitzen.

Während der großen Arbeitslosigkeit wurden schon wieder Stimmen laut, dass die Frauen doch besser zu Hause bleiben und sich um die Kinder kümmern sollten. Die Kinder wären doch viel zu viel sich selbst überlassen, wodurch sie auf dumme Gedanken kämen. Natürlich brauchen Kinder elterliche Bezugspersonen. Ich bin allerdings dagegen, die überkommenen Verhältnisse zurückzuholen, nach dem Motto: „Der Mann muss hinaus ins feindliche Leben, und drinnen waltet die züchtige Hausfrau." Dann könnten wir ja gleich Fundamentalisten werden. Meiner Ansicht nach wäre es angebracht, Männern wie Frauen kürzere, flexiblere Arbeitszeiten zuzugestehen, um sich die Kinderbetreuung und die Hausarbeit zu teilen.

Ich selbst wusste schon als kleines Mädchen, dass ich nicht wie meine Mutter leben wollte. Ich liebte meine Mutter sehr, doch ich nahm sie nicht als Vorbild. Deshalb habe ich es mit elf Jahren auf mich genommen, jeden Tag drei Stunden unterwegs zu sein, um die Mittelschule zu besuchen. Warum ich nicht wie meine Freundin aus der Villa aufs Gymnasium ging, weiß ich eigentlich nicht. Das wurde nie diskutiert. Eine Nachbarstochter besuchte die Höhere Handelsschule. Das fand ich toll und beschloss, es ihr gleichzutun. Bis zur Sekretärin konnte ich von meiner Herkunft her denken, eine akademische Laufbahn konnte ich mir noch nicht vorstellen. Vielleicht dachte ich, dass ich dafür nicht intelligent genug wäre. Allerdings hatte ich in der Volksschule bessere Noten als meine Freundin, die Tochter des Direktors.

Ein Grund, „nur" die Mittelschule zu besuchen, war auch, dass es dort die Fächer „Handarbeit" und „Kochen" gab. Das war für eine zukünftige Ehefrau und Mutter immerhin nützlich. Eigentlich interessierte mich auch kein Studienfach. Ärztin wollte ich zum Beispiel nie werden. Als Kind zeichnete ich gern Kleider und sagte immer, dass ich Modezeichnerin werden wolle. Das wäre in der damaligen Zeit in meiner Gegend und ohne Geld, eine Fachschule in einer entfernten Stadt zu besuchen, wohl kaum möglich gewesen. Überhaupt war man sehr schlecht informiert und meine Eltern konnten mir nicht helfen. Mit 14 dachte ich daran, von der Mittelschule aufs Lehrerinnenseminar zu wechseln. Davon riet mir mein geliebter Lehrer, Bernhard Harms, jedoch ab. Er sagte: „Dann musst du womöglich eine Stelle in irgendeinem entlegenen Kaff annehmen."

Bevor ich auf die Mittelschule kam, hatte ich Probleme mit der Schilddrüse und der Arzt sagte zu meiner Mutter: „Muss das Kind unbedingt in Saarbrücken zur Schule gehen?" Das Kind wollte es, unter allen Umständen. 1947 begann dann der tägliche Dreistundentrip nach Saarbrücken und zurück.

Verkehrsmittel

Im ersten Jahr meines Besuchs der Mittelschule verkehrten, wie bereits gesagt, noch keine Busse. Man war also auf seine Beine angewiesen. Die Züge waren total überfüllt. Gleich nach dem Krieg standen die Leute sogar außen auf den Trittbrettern und hielten sich krampfhaft an den Stangen fest. Rücksichtslos schob man andere beiseite. Das hat mich sehr betroffen gemacht. In den unbequemen Waggons mit Holzbänken ergatterte man selten ein Plätzchen. Als Kind hatte man sowieso kein Recht aufs Sitzen. Ich verstehe das nicht, weil die Kinder doch noch zart und im Wachstum sind. Ein Erwachsener hat doch kräftigere Beine. Ich hatte oft einen ziehenden Schmerz in den Extremitäten. Wenn meine Freundin und ich ausnahmsweise einmal einen Platz ergatterten, stichelten und schimpften kräftige Männer so lange über die unhöfliche Jugend, bis man mürbe wurde und aufstand.

Ich vertrug das Stehen schlecht, besonders am frühen Morgen, wenn ich noch nüchtern war. Morgens fehlte oft die Zeit, um richtig zu frühstücken und etwas Warmes zu trinken. Meine Mutter musste ja zuerst das Kohlefeuer im Küchenherd entfachen. Auch ich tat es oft. Zuerst einmal musste entrußt werden. Die schwarzen Lamellen hingen lang unter den Eisenringen herab. Der Kamin zog nämlich in unserer Wohnung sehr schlecht. Ursprünglich war das Haus nicht fürs Kochen unter dem Dach eingerichtet worden. Morgens machte man Katzenwäsche mit kaltem Wasser. Im Winter bildeten sich in den ungeheizten Räumen Eiskristalle an den Fenstern. Das sah hübsch aus, aber Füße und Nasen waren kalt. Abends legten wir einen Backstein auf den Ofen und dann ins Bett. So zitterte man nicht ganz so arg.

Im Zug wurde mir vor Schwäche oft schlecht, wenn ich stehen musste. Es war ein schreckliches Gefühl. Zuerst wurde mir schwindelig, als hätte ich kein Blut mehr im Kopf, und schwarz vor Augen, sodass ich einer Ohnmacht nahe war. Dann kam die

Übelkeit und ich musste mich übergeben. Das war natürlich sehr peinlich in einem überfüllten Zugabteil, wo man in Tuchfühlung mit anderen stand. In meiner Not kämpfte ich mich zum Fenster durch, riss es auf und kotzte hinaus. Es kann gut sein, dass meine Absonderungen zu einem anderen offenen Fenster wieder hereinflogen. Einmal bat ich in höchster Not eine Frau, mir für einen Moment ihren Platz zu überlassen, was sie dann auch tat. Beim Sitzen erholte ich mich und konnte später meinen noch ziemlich weiten Fußweg zur Schule fortsetzen. Was hätte ich auch anderes tun sollen?

In Saarbrücken führte unser Weg vom Bahnhof zur Schule fast nur über Trümmergrundstücke. Dort standen manchmal Exhibitionisten in den offenen Kellerlöchern. Wir waren nicht darüber aufgeklärt und rannten jedes Mal um unser Leben. Es gab auch kein Wort dafür in unserem Sprachwortschatz. Wir konnten es also niemand erzählen oder jemand zu Hilfe holen, auch nicht die Polizei, weil wir uns so schämten. Zarte, kleine, blonde Mädchen waren, wie es schien, besonders beliebte Zielobjekte. Der Schreck in unseren Augen muss ganz besonders erregend gewesen sein. Gott sei Dank ist uns nie etwas wirklich Schlimmes passiert. Unsere Schutzengel müssen sich gut um uns gekümmert haben. Trotz allem waren wir vergnügt. Durch all die Kämpfe und Strapazen wurde ich früh selbstständig. Heute werden Kinder oft überbehütet und verpäppelt, sodass sie später Schwierigkeiten haben, selbst mit den geringsten Problemen zurechtzukommen.

Im engen Zugabteil, eingekeilt in der Menge, spürte ich einmal die Hand eines neben mir stehenden jungen Mannes an meinem Höschen. Ich versuchte abzurücken, was mangels Platz nicht gelang. Er probierte es immer wieder, kam aber nicht weit, weil ich die Beine zusammenpresste, und so gab er schließlich auf. Anstatt laut um Hilfe zu schreien, erstarrte ich in Stummheit und Scham. Wieder wusste ich nicht, wie ich die Missetat benennen sollte. Wie gut, dass Kinder heute besser auf solche Dinge vorbereitet werden.

Schule

In der Mittelschule waren wir während der ersten Jahre 54 Schülerinnen in einer Klasse. Mit 14 gingen dann viele ab. Obwohl ich einen so weiten Schulweg hatte und morgens meist zu spät zum Unterricht eintrudelte (durch die Verspätungen der Züge), war ich besonders in den ersten Jahren eine der Besten und bekam sogar ein Stipendium. Anscheinend musste damals noch Schulgeld bezahlt werden. Ich erinnere mich nicht mehr genau, wie viel das war.

Viel zu essen bekam ich nicht. Ein doppeltes, mit Dauerwurst belegtes Brot musste reichen bis um halb vier nachmittags. Dieses Brot würgte man trocken in der Pause herunter, ohne etwas zu trinken, höchstens Wasser aus dem Hahn des Toiletten-Vorraums. Geschmeckt hat es nicht. Taschengeld, um sich an einem Kiosk etwas zu kaufen, hatte ich so gut wie nie. Wenn ich mir von Zeit zu Zeit ein Eisbällchen für zehn Francs leistete, war ich glücklich. Während des ersten Jahres in der Mittelschule ab 1947 gab es noch Schulspeisung für die Kinder mit den dünnsten Beinen. Dazu gehörte ich. Meine Freundin, die eine böse Stiefmutter hatte und bestimmt weniger zu essen bekam als ich, ging leer aus, weil ihre Beine strammer waren. Ich wollte mit ihr teilen, doch das wurde mir verboten. Im zweiten Jahr wurde statt dicker Suppe Milch ausgegeben. Ich freute mich schon darauf und guckte dumm, als mir gesagt wurde: „Du bekommst keine Milch, weil dein Vater zu viel verdient." „Er verdient doch gar nicht so viel", warf ich schüchtern ein. Die Dame schien es allerdings besser zu wissen und ließ sich nicht erweichen. Von nun an brauchte ich also keinen Henkelmann mehr mitzubringen. Das war auch gut so, denn einmal hätte ich damit leicht zur Mörderin werden können, wenn mich das Schicksal nicht davor bewahrt hätte.

Auf unserem Schulweg durch die Trümmerlandschaft kamen uns immer die Jungen entgegen, die im gleichen Gebäude wie die Mädchen abwechselnd unterrichtet wurden. Musste ich morgens zur Schule, belegten die Jungen nachmittags die gleichen Räume und ungekehrt. Nachmittags verließ ich bereits um zwölf Uhr das Haus. Das hieß, Mutter musste früh kochen und ich hatte wenig Zeit zum Essen. Vorher waren ja noch die Aufgaben zu erledigen. Und wehe, man vergaß etwas. Das wurde strengstens geahndet. Die Drohung, von der Schule zu fliegen, war stets präsent. Abends um halb acht kehrte ich vom Nachmittagsunterricht müde nach meiner eineinhalbstündigen Reise zurück. Für Freizeitbeschäftigungen war nicht mehr viel Zeit übrig. Wie gut, dass es noch kein Fernsehen gab. Wie hätten wir das Pensum dann geschafft? Abends erledigte ich dann noch einen Teil der Hausaufgaben. Samstags war übrigens auch nicht schulfrei.

Nachmittags nach der Zugfahrt zurück musste ich ein Jahr lang wieder drei Kilometer laufen. Gegen halb vier wartete Mutter mit dem aufgewärmten Essen auf mich. Danach war ich müde und musste doch so schnell wie möglich mit den Aufgaben beginnen. Da ich lange kein eigenes Zimmer hatte, saß ich meist am Küchentisch. Im Wohnzimmer war es im Winter zu kalt. Oft wurde es spät, weil mein Vater mir bei den Mathe-Textaufgaben helfen wollte und durch seine altmodischen Methoden furchtbar lange dazu brauchte. Sehr oft beendete ich die Rechenaufgaben weinend und kam nicht selten erst um zwölf Uhr ins Bett. Also blieben nur etwas mehr als fünf Stunden Schlaf. Das wirkte sich am nächsten Morgen durch Augenzucken oder ständiges Gähnen im Unterricht aus. Ich war nicht etwa gelangweilt, sondern eine sehr aufmerksame Schülerin. Das Lernen interessierte mich.

Nur die Klassenarbeiten (heute sagt man, glaube ich, Klausuren) waren ein Graus. Besonders schlimm war es, wenn man mit einem schmierenden, aussetzenden Kugelschreiber Diktate schreiben musste. Das war nervenaufreibend. Für einen anständigen Füllfederhalter hatten meine Eltern kein Geld, weil alles für das im Bau befindliche Haus draufging. Heute wundere ich mich, wie ich das alles erfolgreich, ohne Sitzenbleiben, überstanden habe, obwohl ich sehr dünn war. Außerdem war ich im Sport die Beste. Springen, Laufen und Geräteturnen waren meine Favoriten. Ein karges Leben ist für einen Körper anscheinend bekömmlicher als die reichhaltige Ernährung von heute. Ich war ein zähes kleines Ding, ohne nennenswerte Krankheiten durchzumachen. Ich beherzigte den Spruch, der bei uns zu Hause an der Wand hing: „Lerne leiden, ohne zu klagen." Dazu hatte mein Vater eine Frau mit dicker Zahnwehbacke und einem Tuch darum gezeichnet. Es hieß auch oft: „Ein Indianerherz kennt keinen Schmerz."

Nein, wehleidig war ich nicht. Als Kind hatte ich ständig aufgeschlagene Knie. Dann ging ich zum Wasserhahn im Hof, ließ Wasser drüberlaufen und spielte weiter, als wäre nichts geschehen. Mit dem Bus und Zug hatte ich jeweils einen Unfall, der schlimm hätte enden können. Als ich einmal vom Zug zum Bus eine hohe (immer total vollgespuckte) Treppe hinuntergelaufen war, fuhr mir der Bus gerade vor der Nase weg. Es war der letzte. Da er noch langsam war, sprang ich auf das hintere schmale Trittbrett und versuchte, die Schiebetür aufzubekommen. Das gelang mir nicht. Der Bus wurde immer schneller und mir blieb nichts anderes übrig, als die Haltestange loszulassen und abzuspringen. Ich schlug lang hin und rutschte mit dem ganzen Körper über die schmutzige Straße. Die Beine mit nur dünnen Strümpfen waren am wenigsten geschützt. Sie waren ziemlich lädiert. Gott sei Dank hatte mich jemand im Bus gesehen, sonst hätte ich noch drei Kilometer mit meinen Wunden zu Fuß schleichen müssen. Der Bus hielt an und ich humpelte hinein. Niemand nahm groß Notiz oder dachte, dass ich vielleicht ärztliche Hilfe brauchte. Jedenfalls wäre eine Tetanusspritze nicht falsch gewesen. Zu Hause angekommen, schälte ich mir die Strümpfe von den Beinen und saß die halbe Nacht auf einem Stuhl, weil die Schürfwunden für einen Verband zu sehr schmerzten. Wahrscheinlich hatten wir sowieso nichts Richtiges im Haus, auch kein Desinfektionsmittel. Meine Eltern blickten ratlos und ein Arzt wurde nicht gerufen. Dazu hätte mein Vater zuerst zu seinem Büro laufen müssen. Telefon hatten wir nicht. So gut wie niemand im Dorf besaß ein privates Telefon. Auch Telefonkabinen auf der Straße gab es nicht. In ein paar Tagen waren die Beine wieder heil. Meine Immunabwehr war gut, auch ohne Desinfektion. Die Narben sind noch heute zu erkennen.

Zurück zum Henkelmann. An einem Wintertag – ein wenig schmutziger Schnee lag auf den Pfaden durch die Trümmer – stürzte sich ein entgegenkommender Junge auf meine Freundin und rieb ihr den pappigen, schmutzigen Schnee ins Gesicht. Ich eilte ihr zu Hilfe und schlug ihm mein blechernes Essgeschirr mit Schmackes mitten auf den Kopf. Sofort ließ er von meiner Freundin ab und verfolgte mich. Ich bin noch nie so schnell gelaufen in meinem Leben. Ich wusste, was mir blühte, wenn er mich erwischen würde. Es gelang ihm nicht, mich einzuholen. Im Bahnhof lief ich durch die Sperre und war gerettet. Er hatte keine Fahrkarte und durfte nicht durch. Ich war ganz schön rabiat. Noch heute habe ich ein schlechtes Gewissen und hoffe nur, dass der Junge keinen Schaden davongetragen hat. So schlimm war seine Untat nun auch wieder nicht. Wahrscheinlich gefiel ihm meine Freundin mit ihren roten Haaren und er wollte ihr nur im Gesicht herumfummeln. Seltsamerweise hat er sich am Tag darauf nicht gerächt. Ich habe ihn nicht wieder gesehen. Hoffentlich hat er meinen Schlag überlebt.

Nach dem Krieg war die Schule sehr schlecht ausgestattet. Der Chemie- und Physikunterricht war rein theoretisch. Versuche gab es so gut wie keine. In Chemie konnte ich nur auswendig lernen, vorstellen konnte ich mir unter den Formeln wenig. Physik war etwas greifbarer für mich. Im Mündlichen der Abschlussprüfung hatte ich den Klingeltransformator zu erklären. Das tat ich mit Bravour. Mein Klassenlehrer, Herr Harms, war stolz, und die anwesende Direktorin nickte anerkennend. Er konnte sie nicht leiden. Herr Harms, den wir während der letzten drei Jahre als Klassenlehrer hatten, war ein Glücksfall für uns. Er liebte seine Arbeit und seine Schülerinnen. Er setzte uns nie unter Druck. Desto besser lernte ich. Mathematik machte mir richtig Spaß bei ihm. Einmal setzte er einen Preis von zehn Franken aus für diejenige, die eine Raumlehre-Aufgabe am schnellsten lösen könnte. Ich gewann, obwohl ich sonst in Mathe nicht die Beste war. Sehr stolz bewahrte ich die Münze für lange Zeit auf. Herr Harms sagte oft: „Wenn es auf mich ankäme, gäbe es keine Noten.“ Ihn habe ich auch sehr geliebt, obwohl er schon 58 war. In diese Liebe schloss ich aber seine Frau mit ein. Wenn wir Schulausflüge in die Wälder machten, war sie immer dabei.

Noch einen dritten Lehrer mittleren Alters gab es an unserer Schule. Er wirkte auf mich ziemlich unscheinbar und biedermännisch. Und ausgerechnet er schwängerte eine Schülerin. Das war allerdings nach meiner Zeit. Er war verheiratet und hatte mehrere Kinder. Was für ein Skandal muss dieser Vorfall gewesen sein! Der Direktorin gönnte ich ihn. Sie hätte einmal eine Schülerin geohrfeigt, als diese auf der Straße mit einem Jungen stand, erzählte man. Mich hat sie einmal sehr gekränkt und fast einen Nervenzusammenbruch bei mir ausgelöst. Bis zum Alter von 14 Jahren hatten wir sie in Mathe. Ihre Spezialität war Kopfrechnen. Sie las die Rechenaufgabe vor und wir mussten das Resultat auf einen Zettel schreiben. Diesen Zettel hatte man mit der Banknachbarin auszutauschen, um Betrug auszuschließen. Danach fragte Fräulein Bauer die Resultate nacheinander von jedem ab und trug die Noten in ihr Heft ein. Diese Note war für die Versetzung wichtig. Ich hasste diesen Stress und meine Nerven flatterten jedes Mal. Nach einer solchen Aufgabe stellte sich heraus, dass meine Freundin (Banknachbarin) und ich keinen einzigen Fehler gemacht hatten. Die dumme, bösartige Direktorin warf uns jedoch Betrug vor, so als hätten wir uns gegenseitig dabei geholfen. Die Lösungen wurden nämlich bekannt gegeben, bevor die einzelnen Ergebnisse abgerufen waren. „Ihr müsst den Test wiederholen [mit neuen Aufgaben natürlich], sonst glaube ich euch nicht“, sagte sie. Selten im Leben hatte ich so viel Angst. Des Betruges hatte mich vorher noch nie jemand bezichtigt. Wieder war unser Schutzengel zur Stelle. Trotz der schrecklichen Anspannung konzentrierte ich mich übermenschlich, so als hinge mein Leben davon ab. Wir schafften es beide, ein zweites Mal keinen Fehler zu machen. Wir waren gerettet und die Direktorin schwieg betreten. Noch jetzt, über 50 Jahre später, füllen sich meine Augen mit Tränen, wenn ich an diese erniedrigende Erfahrung denke. Sie hat mich aber auch gelehrt, dass man unter größtem psychischem Druck zu höchsten Leistungen fähig ist, wenn viel davon abhängt. Immerhin war der erfolgreiche Schulbesuch wichtig für mein zukünftiges Leben. Davon war ich überzeugt.

Diese Schulleiterin war sehr katholisch und umgab sich mit einer Aura, als sei sie ein höheres, besseres Wesen. Auf mich wirkte sie scheinheilig, gefühllos. Unerhört fand ich auch, dass sie sich von zarten, kleinen Mädchen ihre schwere Aktentasche zusätzlich zu der eigenen Schultasche auf dem Weg zur Schule schleppen ließ. Als wir mit 14 einen neuen Lehrer in Mathe bekamen, atmete ich erleichtert auf. Erstaunlicherweise hingen in unseren Klassenräumen trotz der streng katholischen Direktorin keine Kruzifixe, wie das heute in manchen Bundesländern der Fall ist.

Schülerinnen und Schüler von heute können sich wahrscheinlich gar nicht vorstellen, wie es ist, wenn Gehorsam und Unterordnung im Schulbetrieb an erster Stelle stehen. Eine Lehrerin pflegte zu sagen: „Ihr habt die Weisheit mit Schaumlöffeln gefressen.“ Eine andere sagte: „Wenn ihr innerlich nur so sauber wäret wie äußerlich.“ Das kränkte mich sehr. Doch man konnte sich nicht dagegen wehren. Wer ein bisschen kess war und widersprach, musste die Schule verlassen. Das waren sicher die

Nachwehen des Nationalsozialismus oder schon weiter zurückliegender absolutistischer Jahrhunderte. In Schillers Gedicht heißt es: „Mut zeiget auch der Mameluck, Gehorsam ist des Christen Schmuck.“ (Zum Teufel mit diesem Schmuck!) Das trichterten uns manche Lehrerinnen ein. Früher war es durch diese Erziehung nicht einfach, ein selbstbewusster, unabhängiger Mensch zu werden. Es dauerte ziemlich lang, bis ich die Komplexe im Umgang mit Erwachsenen und vor allem Akademikern überwunden hatte. Irgendwann kam ich dahinter, dass sie außer ihrem Fachwissen nicht mehr Lebensweisheit aufzuweisen haben als ich – mit mittlerem Schulabschluss. Seitdem bin ich kuriert. Mir scheint, dass die Erziehung zum absoluten Gehorsam auch dazu beigetragen hat, dass die Nazis so viel Erfolg hatten.

Was mir jedoch heute auffällt, ist, dass junge gebildete Menschen öfter Defizite in der Allgemeinbildung haben. Auch bei der Rechtschreibung und Grammatik hapert es häufig. Auf diesen Gebieten ist meine Generation besser beschlagen, denke ich. Vielleicht werden solche Fertigkeiten in den Schulen nicht mehr geübt und gefordert. Man überlässt die Schüler sich selbst, und diese finden andere Dinge wichtiger und interessanter. Ich meine jedoch, dass es einem ein befriedigendes Gefühl gibt, wenn man seine Muttersprache gut beherrscht. Vielleicht tragen ja die zahlreichen Ratesendungen im Fernsehen dazu bei, dass die Allgemeinbildung wieder mehr wertgeschätzt wird. Allerdings langweilen mich solche Pseudo-Bildungssendungen.

Zum Thema „Gehorsam“ fällt mir noch ein anderes Beispiel ein. Während der ersten drei Jahre hatten wir eine Klassenlehrerin, die sich selbst „Klassenmutti“ nannte. Viele dieser Frauen hatten durch den Krieg und ihren Beruf anscheinend ihr Frausein verdrängt und oft, mehr oder weniger, eine Macke. Früher durften, so viel ich mich erinnere, nur unverheiratete Frauen Lehrerin sein, zumindest war es an dieser Schule so. Unsere Klassenmutti war nicht unbeliebt. Ich schwärmte sogar ein bisschen für sie. Trotz ihrer Anbiederung war sie sehr streng. Allein ihre stolze Haltung und ihr Blick genügten, um uns in Schach zu halten. Wir wollten es uns nicht mit ihr verderben und womöglich ihre Zuneigung verlieren. Während des Unterrichts verlangte sie absolute Stille.

Eines Tages – immer noch war leises Flüstern zu hören – kündigte sie an: „Während fünf Minuten will ich jetzt nicht den geringsten Ton hören!“ Und da sagte ausgerechnet meine Freundin leise irgendetwas zu mir. Klassenmutti vernahm es und forderte Doris auf, sich zu erheben, mit den Worten: „Du hast gesprochen!“ „Nein, Ursel hat gesprochen“, antwortete meine beste Freundin. Wem geglaubt wurde und ob es weitere Folgen hatte, weiß ich nicht mehr. Mit meiner Freundin redete ich allerdings fortan nicht mehr und wechselte den Platz.

Während der Pause hatten wir eine lautstarke Auseinandersetzung. „Du passt nicht zu mir!“, schrie ich sie an. Was sie antwortete, habe ich vergessen. Da wir jedoch täglich mit dem gleichen Zug fuhren, verzieh ich ihr nach ungefähr einem Jahr und nahm die Freundschaft mit ihr wieder auf. Sie tat mir nämlich leid, weil sie es durch ihre Stiefmutter sehr schwer hatte. Ihre Angst, von ihr geschlagen zu werden, war zu groß. Deshalb log sie. Sie fürchtete nämlich, die Lehrerin würde ihre Mutter von ihrem Ungehorsam in Kenntnis setzen. Also war ihr aus Schwäche nichts anderes übrig geblieben, als ihre Freundin zu beschuldigen und zu verraten. Ich finde, die wahre Schuldige war die Lehrerin mit ihrem übertriebenen Gehorsamswahn und der Gleichgültigkeit, wie diese zwei Mädchen jetzt weiter miteinander umgehen sollten.

Lehrerinnen meiner Jugendzeit schätzten Widerreden, ja sogar kritisches Mitdenken in der Regel wenig. Man hatte ihren Stoff ohne Hinterfragen mitzuschreiben und wiederzugeben. Besonders unsere Geschichtslehrerin, Fräulein Schaun, war überaus empfindsam in dieser Hinsicht. Das war mir noch nicht recht bewusst, als ich mit einem Geschichtsschinken meines Vaters anrückte, um ihr – naiv, wie ich war – stolz zu zeigen, dass darin etwas anderes als ihre Version stand. Kritik oder gar Zweifel an ihrer Kompetenz war gar nicht mein Motiv gewesen, sondern einzig und allein der Wunsch nach Aufklärung trieb mich zu einer solch unüberlegten Handlung. So wollte ich mein Interesse durch Mitarbeit im Unterricht zum Ausdruck bringen. Das sah Fräulein Schaun jedoch anders. Sie explodierte förmlich, fuhr sich fahrig durchs Haar (wobei sie ihre eigene Frisur zerstörte) und trommelte auf meinem Buch herum, als wäre es eine Tabla. Ich stand fassungslos vor ihr und unwillkommene Tränen perlten schimmernd meine Wangen hinab, während mir die Worte im Halse stecken blieben. Das war mir so peinlich, dass ich meine feuchte Wange nur mit einem spitzen Finger abzutupfen wagte.

In der darauffolgenden Geschichtsstunde hatte sich die Lehrkraft beruhigt. Ja, sie schien sogar in sich gegangen zu sein. Sie sagte nämlich, dass es ihr leidtue, und bat mich kleinlaut, meinen Eltern nichts von diesem Vorfall zu sagen. Das rührte mich an und brachte mich dazu, Fräulein Schaun fortan richtig gernzuhaben. Sie war tapfer über ihren Schatten gesprungen und hatte Größe gezeigt. Diese Haltung imponierte mir. Sie war eine stolze ältere Dame und ging wahrscheinlich in ihrem Beruf auf. Möglicherweise hatte sie nichts anderes.

Als kleines Mädchen spürte ich bereits, dass die lehrenden Frauen an unserer Schule unerfüllt und einsam waren. Es konnte ja sein, dass ihre Verlobten im Krieg geblieben waren und die Auswahl an Männern danach begrenzt war für eine nicht mehr ganz so junge Frau. Viele Jahre später erfuhr ich von einer ehemaligen Mitschülerin, dass Fräulein Schaun im Krieg von den Nazis verfolgt wurde, weil sie sich gegen den Nationalismus gestellt hatte. Das Buch meines Vaters, in dem eine andere Version stand als die ihre, war während der Herrschaft der Nazis gedruckt worden. Danach verstand ich ihre heftige Reaktion.

Unser neuer Lehrer hatte viel mehr Mitgefühl und Verständnis für uns. Manchmal war seine Ausdrucksweise ein wenig derb. Auf einem Schulausflug rief er uns einmal zu: „Wann kommt ihr endlich, ihr ausgetrockneten Leichen?“ Wir fanden das lustig und wussten, dass es nicht böse gemeint war. Dann wiederum fielen ihm sehr nette Worte ein. Wenn meine Freundin und ich in der ersten Stunde mit Verspätung (wegen des Zuges) eintrafen, rief er uns entgegen: „Da kommt ja das lyrische Gedicht!“ Er nahm auch Rücksicht auf uns, indem er den wichtigen Stoff immer erst dann durchnahm, wenn wir auch anwesend waren. Er wusste Bescheid über unseren langen, beschwerlichen Schulweg.

Das Wort *Gehorsam* ist mir seit meinen Schulerlebnissen mit einigen Lehrerinnen höchst suspekt. Im Krieg gab es den sogenannten „Kadavergehorsam“. Das bedeutet, zu gehorchen, auch wenn man damit seine eigene Moral verletzt. Daraus entstehen totalitäre Regime.

Heute ist es wahrscheinlich eher ins Gegenteil umgeschlagen, indem die Schüler Gehorsam von den Lehrern erwarten. Was es in unserer Schulklasse nicht gab, war, dass man den unterschiedlichen Wohlstand der einzelnen Schüler bemerkte. Anhand von Markenkleidung konnte man uns damals noch nicht einordnen. Heute nehme ich an, dass zum Beispiel ein Mädchen, neben dem ich eine Zeit lang saß, es zu Hause nicht so leicht hatte. Sie brachte nämlich immer ihr gewaschenes, noch nasses Unterhöschen mit in die Schule und hängte es zum Trocknen auf die Stange zwischen unseren Sitzen. Vielleicht gab es in ihrem Elternhaus nicht genug sauberen Platz dafür. Saarbrücken war nämlich nach dem Krieg eine Stadt in Ruinen.

Lieblingsbeschäftigungen und Träume

„Ich bin so gestresst! Früher war das Leben viel einfacher!" So schallt es heute – wie bereits gesagt – durch die Lande. Aber stimmt das wirklich? Ich habe da so meine Zweifel. Überhaupt war die Arbeitszeit viel länger. Bei der Bank, wo ich meine „Karriere" begann, mussten wir achteinhalb Stunden am Tag arbeiten. Samstags die Hälfte davon. Mein Urlaub betrug zwölf Arbeitstage. Davon konnte ich gerade mal zwei Wochen Ferien machen. Von wegen zweimal im Jahr in Urlaub fahren! Der Abteilungsleiter, mein Chef, bekam mehr Urlaub. Wenn die Depotauszüge in der Effektenabteilung am Ende des Jahres getippt werden mussten, standen Überstunden an. Gut, sie wurden mäßig bezahlt. Die kleine Gehaltsaufbesserung war mir willkommen.

Trotz allem machte mir die Arbeit Spaß. Die Materie der Wertpapierabteilung interessierte mich (damals). Ich war sehr wissbegierig und stellte meinem französischen Vorgesetzten viele Fragen, die er mir gern beantwortete. Chancen, aufzusteigen, hatte ich jedoch nicht. Dafür brauchte man eine Banklehre. Ich wollte nach der Schule jedoch endlich mein eigenes Geld verdienen, um etwas weniger von meinen Eltern abhängig zu sein. Drei Jahre Lehre kamen mir vor wie eine Ewigkeit. Heutzutage verdient ein Azubi im ersten Lehrjahr wahrscheinlich bereits mehr als ich in den ersten Berufsjahren. Auf der Höheren Handelsschule lernte man genug, um ohne Lehre überall gut als Sekretärin arbeiten zu können. Ich erledigte auch viele selbstständige Aufgaben (eher wie eine Sachbearbeiterin) und hatte nie das Gefühl, ihnen nicht gewachsen zu sein. Im Gegenteil, oft musste ich zum Beispiel aus dem Englischen und Französischen übersetzen, obwohl ich dafür gar nicht bezahlt wurde.

Wenn ich abends nach Hause kam, erzählte ich meinen Eltern, was ich wieder alles gelernt hatte. Meine direkte Kollegin war zehn Jahre älter. Ich mochte sie recht gern. Als sie mir jedoch einen üblen Streich spielte, kam ich ins Grübeln. Eines Tages gingen wir mit der Abteilung in ein Lokal, um zusammen etwas zu trinken. Meine Kollegin lud mich ein, mich nah vor sie zu setzen und ihr tief in die Augen zu schauen. Sie wolle ein Experiment machen. Die anderen beobachteten uns gespannt. Ich folgte also und blickte ihr vertrauensvoll tief in die Augen. Plötzlich spürte ich einen brennenden Schmerz auf dem Handrücken. Sie hatte ihre Zigarette darauf gedrückt. Die anderen Kollegen erschraken, ich auch. Trotzdem war ich weiter freundlich zu ihr. Wahrscheinlich wollte sie die Toleranzschwelle meiner Naivität testen. Eine Nachbarin, die sie kannte, erzählte meiner Mutter, dass die Kollegin mich als „sehr nett“ bezeichnet hätte. Nun gut, sie hatte mich ja auch rabiat getestet.

Bei der Bank wurde kontrolliert, ob wir pünktlich erschienen. Meist stand der Personalchef mit der Uhr in der Hand am Eingang und wir mussten eine Karte ziehen. Wenn man zu spät eintraf, lag die Karte bereits im Personalbüro, wo wir dann antreten mussten. Ich war ja von Bussen und Zügen abhängig. Jeden Morgen rannte ich wie eine Irre im Slalom durch die mir entgegenkommende Menschenmenge. Folgende Verse kamen mir damals in den Sinn. Ich machte ein Chanson daraus:

Jeden Tag das gleiche Leben,
immer, immer ins Büro.
Ich möcht’ doch viel lieber
was erleben, irgend-, irgendwo.

Immer früh aus dem Bett,
nein, das finde ich nicht nett,
und dann geht es hopphopp
zu dem Bahnbus im Galopp.

Und da sitzen und stehen die bleichen Gesichter,
Erbarmen hätt' jeder irdische Richter.

Am Ziele angekommen,
sehn sie nur verschwommen,
was rings um sie passiert,
denn die Augen sind verschmiert.

Weiter geht es schnellen Schrittes,
durchs Gewühl kämpft man sich vor.
Dadurch wirst du fit, es
scheint dir wie ein Gang durchs zähe Moor.

Endlich bist du im Büro,
atmest auf und lächelst froh.
Doch da blickt dich an, oh Graus,
der Herr Chef, er hat längst raus,
dass du drei Minuten zu spät erscheinst,
und das ist doch nicht so schlimm, wie du meinst.

„Na, da hast du dich verdacht,
ja, es wäre doch gelacht,
wenn das jeder sich erlaubt!",
voller Wut der Chef jetzt schnaubt.

Du schleichst still an dein Plätzchen.

Wenn ich dann und wann einen vielversprechenden jungen Mann kennenlernte, hoffte ich jedes Mal, diesem Einerlei entrinnen zu können. Leider waren es jedoch immer taube Nüsse, und die Knaben, die sich ernsthaft für mich interessierten, gefielen wiederum mir nicht. Nur durch Träume und Pläne erhielt ich mir meinen frohen Mut. Mit 20 wäre ich gern Schauspielerin geworden und lernte zwei Rollen in Theaterstücken (Léocadia von Jean Anouilh und Ingeborg von Kurt Götz) auswendig, um mich irgendwann bei einer Schauspielschule zu bewerben. Allerdings tat ich es nie, weil ich annahm, eine Schauspielerin müsse eine perfekte Schönheit sein. Auch fürchtete ich, durch die Theaterschminke würde meine Akne noch schlimmer. Tief innen wusste ich wahrscheinlich, dass meine Nerven für den Schauspielerberuf zu schwach waren. Bei jeder Situation, die etwas aufregend war, zitterten mir die Hände, auch beim Essen und Trinken in Lokalen. Vor allem wenn ich allein war, bereitete mir das manchmal Probleme, und ich genierte mich furchtbar deswegen. Bis ich einen Trick herausfand, wie ich durch eine Art Selbsthypnose das Zittern abstellen konnte.

Ich war ein Sensibelchen, obwohl ich gleichzeitig unternehmungslustig, willensstark, zäh und ausdauernd war. Meine Eigenschaften waren in der Tat etwas widersprüchlich. Wenn sich eine Gelegenheit bot, setzte ich mich der Gefahr und dem Abenteuer aus, um mein Selbstbewusstsein zu trainieren. So trat ich mit 23 oder 24 einem Fallschirmspringer-Klub in Ensheim bei und absolvierte zwei Sprünge aus 400 Meter Höhe. Beim zweiten Mal war es sehr windig und ich fiel hart auf meinen Allerwertesten. Danach hatte ich monatelang Steißbeinschmerzen und gab das Springen vernünftigerweise wieder auf.

Als ich ungefähr 21 Jahre alt war, flatterten mir die Bewerbungsunterlagen für die Wahl der „Miss Saarbrücken“ ins Haus. Ich konnte mir nicht erklären, woher sie von mir wussten. Dieses Rätsel habe ich nie gelöst. So schön war ich doch gar nicht. Immer noch zierten Pickel mein kleines Gesicht und groß genug war ich mit 1,60 Metern auch nicht. Busen und Taille waren akzeptabel. Trotz Bedenken bewarb ich mich und wurde eingeladen. Bei der Vorauswahl blieben (glaube ich) elf Mädchen übrig, und ich war darunter. Wirkliche Schönheiten hatten sich nicht gemeldet und so rechnete ich mir doch eine kleine Chance aus. Die Gewinnerin war ziemlich mollig und vulgär. Sie war aber bekannt in Saarbrücken, weil sie in einer beliebten Milchbar servierte und eine Menge Kunden mitbrachte. „Na, wie haben wir das gemacht?", hörte ich nach der Wahl einen jungen Mann zu ihr sagen. Da das Publikum mit abstimmte, hatten Mädchen ohne Fans – wie ich – keine Chancen.

Ein Grund für mich, an der Miss-Wahl teilzunehmen, war, dass man ein Talent zum Besten geben konnte. Ich wollte singen. Singen war meine große Leidenschaft Es gab ein Orchester, doch zum Üben blieb keine Zeit, da ich zu spät gekommen war, weil ich erst in letzter Minute bei unserem dörflichen Taxiunternehmer angerufen und ihn nicht gleich erreicht hatte. „Que Sera, Sera", gesungen von Doris Day, war damals en vogue. Jeder kannte diesen Schlager. So beschloss ich ihn zu singen. Die Musiker waren Profis und begleiteten mich einfühlsam ohne vorherige Probe. Auf wundersame Weise zitterten meine Stimme und Knie nicht. Alles ging gut und ich bekam freundlichen Beifall. Bei der Vorauswahl hatten mir dermaßen die Knie gezittert, als ich in Shorts und engem, trägerlosem Top vor der Jury stand, dass jemand zu mir sagte: „Warum zittern Sie denn so?"

Nach Ende der Wahl gab es ein musikalisches Programm mit Sängern, unter anderen Leo Leandros (der Vater von Vicky). Ich kannte seine Stimme vom Radio, wusste aber nicht, wie er aussah. Nach dem ersten Durchgang der Wahl begab ich mich zur Maske, um noch einmal überpudert zu werden. Dort sprach mich ein Mann mit langer griechischer Nase in gebrochenem Deutsch an. Er sagte mehrmals: „Nach der Veranstaltung hinter der Bühne." Ich verstand nicht recht, was er wollte, und dachte, warum belästigt mich dieser seltsame Mann? Nach der Wahl ging ich zum Platz im Saal, wo meine Mutter und mein Bruder saßen, um mir das Programm anzusehen. Ich fiel aus allen Wolken, als der Sänger Leo Leandros angekündigt wurde und der

Mann aus der Maske auf die Bühne trat. Mir gefielen seine Stimme und sein Lied, und ich bereute es, so unfreundlich zu ihm gewesen zu sein. Den Mut, doch noch hinter die Bühne zu gehen und nach ihm Ausschau zu halten, hatte ich allerdings nicht. Ich war halt immer noch ziemlich schüchtern. Jahrelang dachte ich, vielleicht eine Chance nicht genutzt zu haben, wo ich doch so gern Schlagersängerin geworden wäre. Er kümmerte sich später viel um den Nachwuchs, vor allem natürlich um seine Tochter. Doch die war noch ein Kind, als mir ihr Vater über den Weg lief. Rückblickend war alles richtig. Meine innere Stimme hat mir anscheinend gesagt, dass ich mir meine Brötchen besser weiter im Büro verdienen sollte. Später in Luxemburg war ich fünf Jahre mit einem luxemburgisch-französischen Schlagersänger (Chris Baldo) liiert und bekam mit, wie schrecklich gnadenlos es in dieser Branche zugehen kann.

Aufgegeben habe ich meinen Traum vom Singen nach der Miss-Wahl jedoch nicht. Mir wurde nur langsam klar, dass ich keine Lust hätte, Schnulzen, die mir nicht gefielen, aufgezwungen zu bekommen. Zunächst kaufte ich mir ein teures Tonbandgerät (eines dieser ersten, unhandlichen, schweren Modelle). Kassetten gab es noch nicht. Als ich meine Stimme zum ersten Mal auf Band hörte, bekam ich einen Schreck. Da half nur üben, üben, üben. Meinen Eltern, vor allem meinem Vater, ging ich wahrscheinlich ganz schön auf die Nerven mit meinem ewigen Gejaule. Meine Mutter sang ja selbst sehr gern, allerdings ohne Ambitionen. Sie hatte ein großes Repertoire an Volksliedern, Kirchenliedern und Schlagern der Dreißigerjahre. Sie brachte mir während meiner Kindheit alle bei. Ich sang die erste und sie, falls vorhanden, die zweite Stimme. Mein Vater konnte diese frivolen und kummerlosen Schlager nicht leiden. Wenn wir sangen: „Wir zahlen keine Miete mehr, wir sind im Grünen zu Haus, wenn unser Haus noch kleiner wär, das macht uns wirklich nichts aus“, wurde er wütend. Sein Lieblingslied war: „Zu Regensburg auf der Kirchturmspitz, da kamen die Schneider zsamm …" Immerhin ist es im Grünen gemütlicher als auf der Kirchturmspitze.

Mutter kannte ein Lied, das sie mir schon in frühester Kindheit beibrachte. Wir sangen es immer dann miteinander, wenn wir gehobener Stimmung waren. Es hatte eine tiefere, besondere Bedeutung für uns. Es heißt:

Auf Adlers Flügeln

Auf Adlers Flügeln getragen übers wogende Meer der Zeit,
getragen auf Adlers Flügeln bis hinein in die Ewigkeit.
Über Berge, Täler und Gründe immer höher
zur ewigen Höh;
denn die Flügel sind stark, die mich tragen,
die Flügel, auf denen ich steh.

Und unter diesen Flügeln, wie wunderbar ruh ich aus,
da ist meine Zufluchtsstätte, mein festes, mein sicheres Haus.
Es mag der Feind mich bedrohen und zielen
und spähn, wie er will,
denn die Flügel sind stark, die mich tragen,
und unter den Flügeln ist's still.

Ja, unter den Flügeln geborgen und auf den Flügeln bewahrt,
das gibt ein sicheres Reisen, das gibt eine sichere Fahrt.
Das gibt ein seliges Ruhen bei wechselnder Pilgerschaft,
denn unter den Flügeln ist Friede,
und auf den Flügeln ist Kraft.

Jahrelang konnte ich mich nicht mehr an den ganzen Text erinnern und war etwas traurig deshalb, weil meine Mutter dieses Lied so geliebt hat. Nun nahm ich heute ihr Schulheft in die Hand und begann zu lesen. Das Entziffern der Sütterlinschrift fiel mir zunächst ein wenig schwer. Und, welch Wunder, plötzlich taucht zwischen ihren Aufsätzen diese Hymne auf. Ich bin richtig ergriffen und Tränen treten in meine Augen. Schade, dass ich den Dichter und Komponisten nicht kenne. Gut finde ich, dass es in einem Heft von 1928 steht. Nach 1933 hätte man es womöglich den Nazis zugeschrieben. Es wirkt auch überhaupt nicht religiös auf mich, sondern eher spirituell.

In jeder freien Minute trainierte ich meine Stimme und kontrollierte sie per Tonband. Wenn ich im Bus oder Zug saß, sang ich innerlich ohne Ton. Auch ein paar Chansons komponierte ich. Das Tonband war zweispurig. Ich sang synchron zweimal. So klang es ohne Instrumentenbegleitung etwas voller. Ein Instrument konnte ich leider nicht spielen, weil es während und nach dem Krieg keines zu kaufen gab und wir später auch kein Geld dafür übrig hatten. Es hätte das Vorsingen leichter gemacht. Halt, ganz stimmt das nicht. Im Alter zwischen zehn und elf Jahren lieh mir Roswitha, eine nette Nachbarstochter, ihr Akkordeon. Ein Jahr lang hatte ich also Gelegenheit, Schifferklavier spielen zu lernen. Unterricht gab mir Herr Schuck. Hauptberuflich war er Bergmann, in seiner Freizeit spielte er Akkordeon in einem Tanzorchester und gab Unterricht. Er war sehr freundlich zu mir und sagte oft: „Wenn de erscht emol vum Blaat spille kanscht, kommscht de zu uns ins Orcheschter."

Dazu kam es leider nicht, weil Roswitha ihr Instrument zurückhaben wollte. Wahrscheinlich hat es ihr nicht gefallen, dass ich auf dem Heimweg vom Unterricht schnell noch ein bisschen auf Schnee und Eis schlittern wollte und das Schifferklavier deshalb vorsichtig auf den Boden gelegt hatte. Dummerweise kam sie vorbei und sah es. So endete meine musikalische Ausbildung abrupt. Es tat mir leid, weil ich sonntagmorgens gern zwischen meinen Eltern im Doppelbett gesessen hatte, mein Repertoire mit Gesang zum Besten gebend. Mutter und Vater waren natürlich voll des Lobes. Ich lernte das Quetschkommodespielen sehr leicht. Vielleicht wäre ja eine Musikerin aus mir geworden, wenn meine Eltern mehr Geld gehabt hätten.

Später bin ich manchmal in Musikalienhandlungen gegangen, um mich über die Preise von Akkordeons zu informieren. Ich fand sie sehr teuer und nahm Abstand davon, noch in fortgeschrittenem Alter wieder mit dem Spielen eines Instrumentes anzufangen. Jetzt, in noch fortgeschrittenerem Alter, ist es offenbar zu spät, weil meine Finger zum Teil nicht mehr so biegsam sind. Das Ende des Unterrichts kam mir allerdings auch nicht ganz ungelegen. Das Sofa von Herrn Schuck, auf dem ich sitzen musste, war nämlich furchtbar kratzig. Mein kurzes Röckchen schützte die Oberschenkel nicht, sodass ich unbehaglich hin und her rutschte. Aber noch heute denke ich mit leichter Wehmut an meine verpasste Chance, Schifferklavier spielen zu können. Wenn ich im Radio gute Akkordeonsolisten, wie Sylvie Auvray, höre, bekomme ich jedes Mal eine Gänsehaut. Diese Töne berühren meine Seele. Allerdings hätte ich in meinen Luxemburger Wohnungen Schwierigkeiten durch das Üben bekommen. Die Nachbarn führten nämlich Veitstänze auf, wenn sie sich von Musik aus der Wohnung nebenan oder darunter gestört fühlten. Ich hätte also nur im Wald spielen dürfen. Irgendwie hatte ich das Gefühl, als ob man in dieser Hinsicht einer Deutschen gegenüber besonders empfindlich war. Die Luxemburger haben ganz schön gelitten, nachdem die Nazis in ihrem Ländchen einmarschiert waren und dort herrschten. Seit 1945 waren gerade mal 20 Jahre vergangen und die etwas älteren Leute hatten noch nicht vergessen, was die Deutschen ihnen angetan hatten.

Zwischen 1960 und 1965 kündigte das „Saarländische Fernsehen“ eine Sendung mit dem Titel „Wer will, der kann“ an und bat um Einsendung von Tonbändern. Ich schickte sofort ein Tonband mit eigenem Lied ab: „Ich sah ihn gestern Abend auf der Straße gehn und dachte, er schaut rüber, er muss mich einfach sehn“ (immer dieselbe Sehnsucht nach Liebe). Ich wurde eingeladen, und im Studio mit Orchester und Publikum zeichnete man mein Lied auf. Ein paar Tage später kam es dann als erster Beitrag in dieser Reihe im Fernsehen. Damals war das Programmschema noch weniger starr.

Dies war mein allererster öffentlicher Auftritt (abgesehen von der Miss-Wahl). Ich war wahnsinnig aufgeregt. Während der Mittagspause musste ich unbedingt mit meinem Auto zwecks Sammlung der Geister kurz nach Hause fahren. Ich hätte auch zusammen mit dem Team in der Kantine essen und so vielleicht Kontakte knüpfen können. Doch dazu war ich nervlich nicht in der Lage. Mehr als eine Gage von 100 DM ergab sich aus diesem Auftritt nicht. Kein Plattenproduzent rief an. Ich selbst gefiel mir überhaupt nicht, als ich im Studio die Aufzeichnung vorgeführt bekam. Mein Gesicht mit dem kleinen Mund kam mir nicht telegen vor. Andere fanden das wahrscheinlich auch. Trotzdem sang ich unbeirrt weiter.

Heute glaube ich, dass das Singen ohne Publikum in erster Linie gut für meine Psyche war. Hätte ich meine Gefühle nicht auf diese Weise äußern können, wäre ich vielleicht krank geworden und nicht so ausgeglichen, wie ich es jetzt bin. Jahrelang, bis zum Alter von 44, fand ich keine Erfüllung in der Liebe. Wie hätte ich einen solchen Mangel unbeschadet überstehen können, wenn ich nicht die Musik – innen und außen – gehabt hätte? Wie sehr mir die Liebe fehlte, merkte ich auch daran, dass ich jedes Mal in Tränen ausbrach, wenn ich die Beatles „Love, love, love“ singen hörte.

Als ich 28 war, erfuhr ich von einem Wettbewerb, den „Radio Luxemburg“, „Electrola“ und die Blatzheim-Betriebe ausrichteten. Damals gab es also auch schon so was Ähnliches wie „Deutschland sucht den Superstar“, allerdings ohne

Rummel. Tapfer versuchte ich erneut mein Glück und fand mich auf Einladung mit Noten in einem Blatzheim-Kellerlokal in Mannheim ein.

Zunächst musste ich einen Musiker in Luxemburg ausfindig machen, der mir die Noten meines Songs aufschrieb. Ich selbst kann das ja nicht. Der Auftritt in Mannheim verlief erfolgreich für mich. Ich machte den ersten Preis. Dazu hat vielleicht Dieter Thomas Heck beigetragen, der als Sprecher von Radio Luxemburg in der Jury war. In der nächsten Runde in Bonn schied ich dann aus, weil eine schnulzige Mädchengruppe besser ankam. Einem Fernsehjournalisten von Bonn gefiel ich jedoch. Er bot mir an, während der Endveranstaltung in der Bonner Beethovenhalle einen kurzen Film von meinem Lied fürs Fernsehen zu drehen.

Ich sagte natürlich zu. Immerhin kann ich sagen, dass ich dereinst in der Beethovenhalle fürs Fernsehen gesungen habe. Der Auftritt war allerdings ziemlich nervig. Der Journalist gab sich alle Mühe, doch der Veranstalter des Wettbewerbs, der ja nicht mehr an mir interessiert war, stellte jedes Mal den Lautsprecher des Gesangsmikrofons ab, wenn ich für die Fernsehkamera sang. So hörte ich neben dem lauten Orchester meine eigene Stimme nicht und hatte keine Kontrolle. Irgendwie, irgendwann war die Aufnahme dann doch im Kasten und wurde tatsächlich im Regionalfernsehen gesendet. Ich selbst habe sie verpasst. Tante Berta sah sie und war ganz stolz auf ihre Nichte. Der Journalist sagte übrigens zu mir: „Singen können Sie nicht, aber Ihre Brocken sind nicht schlecht. Es sind Kunstlieder.“ Sich selbst bezeichnete er als Jazzer.

Ich war gleichzeitig ein bisschen beleidigt und stolz, dass er meine Kompositionen gelobt hat. Unter den widrigen Umständen war gutes Singen während dieser Veranstaltung kaum möglich. Natürlich war ich mir bewusst, dass ich keine ausgebildete Stimme hatte. Viele andere erfolgreiche Schlagerstars hatten das aber auch nicht. Mit voller Inbrunst sang ich eigentlich nur, wenn ich allein war. Ich hätte jemand gebraucht, der mich ermutigte und an mich glaubte. Viel später klärte mich ein Hals-Nasen-Ohren-Arzt darüber auf, dass meine Stimmbänder zu weit auseinander liegen. Er sprach sogar von einer Anomalie. Darüber ärgerte ich mich ein wenig. So furchtbar klingt meine Stimme nun auch wieder nicht, meine ich.

Kurz darauf zog ich nach Luxemburg und lernte ein paar Monate später den bekanntesten Luxemburger Schlagersänger Chris Baldo kennen, wie weiter oben bereits erwähnt. Ich begleitete ihn oft zu seinen Auftritten in Luxemburger Ballsälen und deutschen Tanzcafés, wo ich, wenn ich Lust hatte, auch ein paar Songs vortrug. Auch bei der Aufnahme seines Liedes für den Eurovision Song Contest (Liederwettbewerb) in einem Pariser Studio war ich dabei. Das war eine Katastrophe, und ich schämte mich für meinen Freund, der zwischendurch immer wieder in ein Café gegenüber verschwand, um seine Nervosität mit Alkohol zu ertränken. Allerdings war die Atmosphäre in diesem Studio für gutes Singen nicht gerade förderlich. Der Produzent und Komponist hatte ihn nur deshalb ausgewählt, weil er Sprecher beim französischen Nachtprogramm von RTL war. Er durfte einige Platten besingen, weil er im Gegenzug die Schlager dieses Produzenten in seiner Sendung auflegte. Als man ihn bei RTL hinauswarf, war es auch mit der Gesangskarriere vorbei. Er hatte keinerlei Selbstdisziplin und konnte seine Termine nicht koordinieren, sodass er überall zu spät ankam. Da nutzte es auch nichts, dass das Timbre seiner Stimme und sein Gefühl für Rhythmus nicht schlecht waren.

Nach ungefähr drei Jahren war ich es leid, immer das Gleiche zu singen. Auch die Band gefiel mir nicht wirklich. Sie nahm sich nicht die Zeit, etwas Neues mit mir zu proben. So hörte ich mit dem Singen auf. Zwei Jahre später – 1971 – konnte ich meinen Freund einfach nicht mehr ertragen und machte mit ihm Schluss. Ich musste mich vor seinem destruktiven Lebensstil in Sicherheit bringen. Noch heute schlummern mehrere Schecks in einem Karton, die er mir unterschrieb, wenn ich ihm wieder einmal finanziell aus der Patsche helfen durfte. Zum Schluss war ich völlig blank und musste mein Konto überziehen, um den bitter nötigen Erholungsurlaub am Meer machen zu können. Er hatte ständig Autounfälle und richtete sich (denke ich) selbst zugrunde. Im Alter von 52 Jahren ist er total heruntergekommen gestorben.

Zu Hause, im Auto und am Meer auf Sylt habe ich dann immer noch gern gesungen. Mit Schallplatten berühmt werden wollte ich allerdings nicht mehr. Trotz allem war es aber gut, dass ich die Erfahrung, vor Publikum zu singen, gemacht hatte. Ich weiß nun, wie es sich anfühlt, Anerkennung und Beifall von einem Publikum zu bekommen. Ein Leben als tingelnde Schlagersängerin wäre aber wahrscheinlich nichts für mich gewesen.

Hier und jetzt

Wie ich jetzt so Seite um Seite meines Schreibheftes vollkritzele – ich muss es nämlich von Hand tun, weil ich zurzeit auf „meiner" Insel Porto Santo im Atlantik weile –, stelle ich mir vor, eine liebe Omi zu sein, die ihren Enkelkindern aus ihrer Jugendzeit erzählt. Mein Computer steht circa 3000 Kilometer entfernt von mir in Luxemburg. Das Geld für ein Notebook war mir bis jetzt noch zu schade. Schließlich muss ich für die alten Tage sparen, da keine Kinder und Enkelkinder sich um mich kümmern werden. Allerdings könnte es auch genauso gut sein, dass die imaginären Enkel viel lieber im Internet gesurft hätten, als ollen Kamellen zu lauschen.

Ich schreibe deshalb, weil ich Spaß daran habe, und lasse den Stift nur tanzen, wenn mich die Lust dazu überkommt. Der Ehrgeiz hat sich verabschiedet. Geld habe ich genug, um meine Bedürfnisse zu befriedigen. Wenn Schreiber jammern, dass ihnen nichts mehr einfällt („Schreibblockaden" nennt man das wohl), wundere ich mich ein bisschen darüber, dass sie sich derart quälen und regelrecht zwingen. Sollen sie doch mit ihren Händen oder mit ihrem Kopf einen braven, nützlichen Beruf ausüben. Aber dazu haben sie wahrscheinlich noch weniger Lust.

Meine „Pflicht" der Fortpflanzung habe ich nicht erfüllt. Da ich jedoch nur ein Kind oder zwei Kinder von meiner wahren Liebe empfangen wollte, musste ich auf diese Freude verzichten. Mit 44, dem Jahr der großen Erfüllung für mich, war es dann zu spät, noch einer Seele Gelegenheit zu geben, einen Körper auf der Erde anzunehmen. Heute bereue und vermisse ich nichts. Mein Liebster konnte wegen „höherer" Aufgaben physisch leider nicht lange bei mir bleiben; seelisch besucht er mich ab und zu.

Nun ziehe ich wieder allein durch die Welt, um da und dort Freunde zu treffen und dem Meeresgott zu huldigen. Ich mache das Beste daraus und spüre immer noch das kleine, zutrauliche

Mädchen in mir. Äußerlich bemühe ich mich redlich, mithilfe von Bewegung, Gymnastik, Hautpflege und ausgewogener vegetarischer Ernährung ohne Tabak und mit sehr wenig Alkohol in Form zu bleiben, damit ich nicht unnötig das Risiko vergrößere, dermaleinst jemand zur Last zu fallen. Ab und zu esse ich Fisch, aber auf keinen Fall zweimal die Woche, wie von Ärzten empfohlen. Stattdessen schwöre ich auf Tofu (Sojaprodukt). Er ist neutral im Geschmack und passt sich seiner Umgebung an, d.h. er ist vielseitig einsetzbar. Ich denke, dass diese Diät mir die Hitzewallungen während der Wechseljahre erspart hat. Sie scheint auch vor Brustkrebs zu schützen. In Japan zum Beispiel, wo Tofu seit eh und je auf den Tisch kommt, ist diese Krankheit selten. Mein Körpergewicht ist nur wenig höher als in der Teenagerzeit, nämlich unter 50 Kilo. Ich glaube nicht, dass man in höherem Alter zwangsläufig dicker wird.

Vor Jahren wurde ich häufig von Rückenschmerzen geplagt. Jetzt, in fortgeschrittenerem Alter, haben diese sich ganz und gar verabschiedet. Jeden Morgen nach dem Wachwerden mache ich noch im Bett regelmäßig einige kleine Gymnastikübungen und massiere beide Seiten neben der Wirbelsäule. Auch tagsüber strecke und werfe ich zwischendurch ab und zu meine Arme und Beine in die Höhe oder hüpfe auf meinem neu erworbenen Trampolin. Gern rolle ich auch mit meinem Kickboard um die Häuser oder über Fahrradwege. Manche sehen mich dabei leicht erstaunt an. In Pondicherry (Südindien), wo ich meinen Roller dabei hatte, war ich vor zwei, drei Jahren die Sensation. Noch nie habe ich so viele strahlende weiße Zähne in wohlwollenden Gesichtern gesehen. Ein Reporter verfolgte und interviewte mich. Seine Fragen waren ziemlich indiskret. Der Anblick einer Frau von über 60, die sich auf einem Kinderroller flott fortbewegt, beeindruckte ihn so sehr, dass er in der tamilischen Tageszeitung einen Artikel darüber veröffentlichte.

Es ist mir ein Herzensanliegen, alte Zeiten aus der Kleinmädchen- und Jungmädchen-Perspektive vor der Vergessenheit zu bewahren. Den Fernseher habe ich vorsichtshalber gar nicht erst anschließen lassen, damit ich nicht in Versuchung gerate. Schreiben und Schwimmen wechseln sich ab. Außerdem habe ich eine liebe Nachbarin und Freundin, Rosemarie aus Leipzig, mit der ich gerne Schwätzchen halte. Durch sie erfahre ich viel über ostdeutsche Befindlichkeiten, was mich brennend interessiert. Vorher habe ich noch nie jemand aus der ehemaligen DDR gekannt. Dazwischen muss ich noch putzen, einkaufen, kochen und spülen. Männliche Schreiber haben für derlei gewöhnliche Verrichtungen meist Ehe- oder Zugehfrauen. So können sie ungestört ihrer Leidenschaft im Elfenbeinturm frönen. Bin ich gerade zu ironisch? Ich hab die Männer doch gern, kann aber nicht die Augen vor den Tatsachen verschließen.

Wenn ich vom Schwelgen in meinen Erinnerungen etwas leer und müde bin, lese ich zur Erholung in Georg Stefan Trollers Buch „Dichter und Bohemiens" und staune. Was waren die berühmten Dichter doch oft für Säufer und Schmutzfinke! Hörte ich früher Namen wie Verlaine, Baudelaire, Genet, Rimbaud, Brecht oder Roth, stellte ich mir hehre, anbetungswürdige Gestalten vor. Doch sie selbst hatten wahrscheinlich gar keine Lust, auf einem Sockel zu stehen. Ihre Verse waren zwar poetisch, aber im Alltag versagten die Künstler häufig und ruinierten sich nicht selten selbst. Ich weigere mich jedoch zu glauben, dass nur Exzesse und Selbstzerstörung kreativ machen. Diese Poeten waren meiner Ansicht nach – bei aller Genialität – ziemlich träge und faul.

Hoffnung, Freuden und Pflichten

Mein Leben in der frühen Jugend war mit Arbeit ausgefüllt, und die Vergnügungen waren rar. Abgesehen von den paar Bällen im Jahr gab es kaum Gelegenheit zum Tanzen, was ich sehr gerne tat. Außerdem hoffte ich ja immer, dabei doch endlich den richtigen Ehemann zu finden, durch den ich glücklich werden und meine Situation verbessern könnte. Aber ohne Liebe, nur um finanziell versorgt zu sein, hätte ich nicht geheiratet.

In der Frauenzeitschrift „Constanze“ (später wurde sie von der moderneren „Brigitte“ geschluckt) las ich gern die Heiratsannoncen und versuchte zum ersten Mal mein Glück auf diese Weise, als ich 17 war. (Das muss kurz nach dem Fiasko mit dem Lehrerschwarm gewesen sein.) Ich beantwortete das Inserat eines Schuhfabrikanten aus Pirmasens. „Schuhfabrikant“, das klang doch gut. Meine Mutter und ich waren gespannt, was passieren würde. Es war nicht wirklich ernst gemeint, sondern eher wie ein Lotteriespiel, bei dem man ja sowieso nie gewinnt. Nach ein paar Tagen klingelte es ohne Voranmeldung an der Haustür und ein fader junger Mann begehrte Einlass. (Damals wurden die Adressen von der Zeitschrift weitergegeben.) Fast hätte ich ihm den Haustürschlüssel an einem Seil aus dem Fenster des Obergeschosses heruntergelassen, wie wir das gewöhnlich taten. Ich zog es dann aber doch vor, mit ein paar Sätzen die Treppe hinunterzuspringen und die Haustür persönlich zu öffnen, um ihn nach oben in unsere bescheidenen Räumlichkeiten zu geleiten.

Mutter stand empfangsbereit in der offenen Küchentür. Um in die übrige Wohnung zu gelangen, musste man zuerst die Küche durchqueren. Das war mir total peinlich. Damals war es noch nicht schick, Wohn- und Kochbereich zu kombinieren. Da es im „Salon“ zu kalt war, ließen wir uns am Küchentisch nieder: Mutti, der „Heiratskandidat“ und ich. Wir quälten uns ein paar höfliche Worte ab und Mutter spielte nervös verlegen mit ihrem

Rock unter der Tischplatte, sodass er über die Knie rutschte, was mich ziemlich genierte. Der Mann verabschiedete sich bald und ließ nie wieder von sich hören. Wahrscheinlich war ich ihm nicht standesgemäß genug, abgesehen davon, dass ich eigentlich noch ein Kind war. Er wohnte sicher in einer prächtigen Villa, stellte ich mir vor. (Solche Vorstellungen von der großen, weiten Welt bezog man aus den Filmen, die damals in Deutschland gedreht wurden. Darin heirateten Sekretärinnen immer ihren Chef oder den Traumprinzen.) Es kann aber auch sein, dass er dachte: Was soll ich mit diesem schüchternen kleinen Mädchen, das am Ende noch seine Mutter mit zur Hochzeitsnacht bringt? Oder aber er war pleite und suchte eine reiche Frau.

Kino war unser einziger regelmäßiger Freizeitspaß. Filme versüßten unseren Alltag und nährten die Illusionen. Einmal die Woche, freitags, gingen Mutter und ich zusammen ins Kino des Nachbarortes. Das ließen wir uns nicht nehmen. Vater konnte Lichtspieltheater nicht leiden. Für ihn war ihr Besuch unnütze Geld- und Zeitverschwendung. Wir hätten ihn gern mit einbezogen und an unserer Freude teilhaben lassen. Immer wieder versuchten wir ihn mitzuschleppen, doch er sträubte sich mit Händen und Füßen. Nach dem Film war ich wie verzaubert und fand, dass ich der Hauptdarstellerin ähnlich sah. Das nennt man wohl „Identifikation". Mutter sagte manchmal: „Als junges Mädchen war ich genauso hübsch wie die Filmschauspielerinnen und hätte sicher ebenso Filmkarriere machen können, wenn ich entdeckt worden wäre."

Als Brigitte Bardot berühmt wurde, war ich begeistert von ihr. Ich versuchte ihren Schmollmund zu imitieren, indem ich die Zunge von innen gegen die Lippen presste. Das Ergebnis muss nicht überzeugend gewesen sein. Mein Bruder sagte nämlich: „Warum drückst du immer so die Zunge gegen die Lippen? Das sieht komisch aus." Er hatte recht. Ich wirkte dann eher wie ein kleines Äffchen. Während des dreiviertelstündigen Fußmarsches nach Hause zurück analysierten wir die Filme dann immer ausgiebig. Erstaunlicherweise war ich trotz aller Liebe zum Film nie hundertprozentig zufrieden mit der künstlerischen Ausführung. Anscheinend hatte ich ein angeborenes Urteilsvermögen für Qualität.

Fernsehen war noch in weiter Ferne. Meine erste Begegnung mit dem Fernsehen fand 1959 statt, als ich im Haushalt einer jüdisch-englischen Familie für drei Pfund die Woche ausgebeutet wurde. Dafür durfte ich abends vor dem Supper ein wenig fernsehen. Nach dem Abendessen waren noch Berge von Geschirr (Milch und Fleisch getrennt) zu spülen, sodass ich mich nie vor zehn Uhr in meine Kammer zurückziehen konnte.

Ich hatte mich darauf gefreut, meine Dienstmädchen-Erfahrungen und englische Sprachperfektionierung bei einer jüdischen Familie machen zu können, um unsere Brüder und Schwestern des Alten Testamentes ein wenig besser kennenzulernen und bestenfalls ein winziges bisschen wiedergutzumachen, was man ihnen angetan hatte. So erledigte ich also die Drecksarbeit für sie, kümmerte mich um ihr Kind und ließ mich schlecht behandeln.

Als ich in der Kochküche an einem kleinen Blechtisch vor der Wand mein ungesundes Mahl einnehmen musste, rannen mir am ersten Tag vor Heimweh die Tränen aus den Augen, und die Mistress stand irritiert neben mir. Wahrscheinlich fürchtete sie, einen Fehlgriff mit mir gemacht oder zu viel versprochen zu haben, als sie mir in ihrem Brief in Aussicht stellte, wie die Tochter des Hauses behandelt zu werden. Mir ist bewusst, dass es für eine Deutsche nicht ganz unproblematisch ist, etwas Negatives über Juden zu schreiben. Trotzdem will ich nicht feige sein und auch in diesem Fall die „Wahrheit“ sagen. Ich möchte aber gleichzeitig ausdrücklich betonen, dass ich ebenfalls sehr nette Juden getroffen habe. Übrigens, meine Ururgroßmutter mütterlicherseits war eine geborene „Jud“. Wer sagt denn, dass nicht auch in meinen Adern jüdisches Blut fließt? Deshalb darf ich mir ein wenig Kritik erlauben, hoffe ich. Und überhaupt, die meisten überragenden Künstler und Wissenschaftler waren jüdischer Herkunft.

Heute kann ich leider nicht sagen: „Ich habe in London studiert“, vielleicht aber bei passender Gelegenheit: „Ich habe in London hebräische Hauswirtschaft studiert.“

In England wurde das Fernsehen früher populär als in Deutschland. Ich weiß noch, dass die Engländer damals mit Begeisterung „The Army Games“ (eine komische Reihe im Soldatenmilieu) und Krankenhausserien sahen. Wieder in Deutschland, dauerte es noch Jahre, bis sich meine Eltern den ersten Schwarz-Weiß-Fernseher leisten konnten. Aber ein Renault stand vorm Haus, als ich zurückkehrte. Das war eine große Errungenschaft, für die man lange sparen musste. Von nun an machten wir Familienausflüge mit dem Auto (zum Beispiel nach Baden-Baden). Mein Bruder fuhr. Als Erster machte er mit 18 den Führerschein. Mein Vater hatte Startschwierigkeiten und bestand die Fahrprüfung erst im zweiten Anlauf. Er war ein wenig langsam in seinen Reaktionen. Immerhin war er ja schon 53 Jahre alt. Meine Mutter setzte sich diesem Stress lieber nicht aus, obwohl sie erst 44 war. Meinem Vater war das ganz recht. So hatte er das Monopol, und die Ausflüge wurden sowieso gemeinsam unternommen. Außerdem sparte man dadurch auch Geld.

Ganz allmählich steigerte sich also unser Wohlstand. Inzwischen besaßen wir natürlich auch einen elektrischen Küchenherd und einen Kühlschrank. Bevor wir im eigenen Haus wohnten, mussten wir verderbliche Lebensmittel oder Butter in der kühleren Waschküche im Keller in den leeren Wasserkessel legen. Das ging natürlich nur, wenn nicht gerade Waschtag war. Die Familie des Onkels und später – nach deren Auszug – eine andere fremde Familie und wir mussten uns ja die Waschküche teilen.

Die Frauen unserer Straße, der sogenannten „Beamtenkolonie“, hatten den besonderen Ehrgeiz, im Sommer die Wäsche montagmorgens so früh wie möglich auf der Leine im Hof flattern zu haben. Dafür fingen sie schon sonntagabends mit der Plackerei an, natürlich ohne Waschmaschine. Zuerst wurde die weiße Wäsche eingeweicht, dann im Kessel gekocht und schließlich mit langen Holzstangen in eine Zinkbadewanne gewuchtet. Das war ganz schön schwer und heiß. In die hochgestellte Wanne steckte man ein Waschbrett (heute gibt es nur noch Waschbrettbäuche) und rubbelte mit ganzer Kraft die Wäschestücke darauf herum, bis sie sauber waren. Danach kam in derselben Lauge die Buntwäsche an die Reihe und zum Schluss die Strümpfe und Socken. Davon wurden die Hände ganz schrumpelig. Schon als ziemlich kleines Mädchen half ich meiner Mutter bei dieser Frauenarbeit. Männer und Söhne behelligte man damit nicht. Nur bei der Wäsche des extrem schmutzigen Grubenanzuges half mein Vater. Das war eine saumäßige Arbeit. Unsere Wäsche hing allerdings immer erst dienstags auf der Leine. Meine Mutter war nicht so verrückt und störte sich nicht daran, was andere Leute von ihr dachten.

Eine Nachbarsfrau allerdings war noch unkonventioneller. Sie wusch ihre Wäsche grundsätzlich splitterfasernackt. Wenn jemand sie beim Waschen besuchte, zog sie auch nicht schnell was über. Als Kind habe ich sie ebenfalls einmal so, nur in Wasserdampf gehüllt, überrascht. Bei einer anderen Gelegenheit verursachte sie einen saftigen Skandal. Als ihr Mann im Krieg war, hatte sie ein Verhältnis mit einem anderen, ebenfalls verheirateten, hoch angesehenen Mann unseres Ortes. Dieser machte schließlich Schluss mit ihr, wodurch sie so in Rage geriet, dass sie all seine intimen Liebesbriefe per Post an verschiedene Nachbarn weiterleitete. Der arme Mann war entsetzt und rannte überall hin (auch zu uns, wir hatten nämlich ebenfalls Post erhalten) und bat, ihm die Briefe ungelesen auszuhändigen. Wir haben uns daran gehalten und waren diskret. Ich erinnere mich noch gut daran, wie Herr Bohnes betreten in unserer Wohnung stand, obwohl ich höchstens neun Jahre alt war. Später, als ich schon die Bälle in der Festhalle besuchte, war er immer noch ein Womanizer. Er forderte mich zum Tanzen auf und fragte, warum ich einen so engen roten Pullover anhätte.

Damals wurden Mädchen und Frauen noch zum Tanzen aufgefordert. Man konnte nur tanzen, wenn sich die Männer erbarmten. Falls man einen Tanz ablehnte, durfte man den gleichen Tanz nicht mit einem anderen Kavalier tanzen (das wäre unhöflich gewesen), sondern musste aussetzen. Das lernte ich mit 16 Jahren im Tanzkursus. Allerdings tanzten gelegentlich auch Frauen zusammen. Das machte mir jedoch keinen Spaß. Ich hatte genügend Chancen und blieb so gut wie nie am Tisch sitzen.

Besser gefiel es mir aber, wenn an Karneval Damenwahl war. Dann holte ich mir die Männer, die mir gefielen. Allerdings konnte es passieren, dass man auch mal einen Korb verkraften musste. Diese Schmach habe ich einmal auf dem berühmten Premabüba (Presse-Maler-Bühnen-Ball) im großen Saarbrücker Stadttheater erlebt. Ich sichtete im Vorbeigehen einen gut aussehenden, sehr großen Herrn im Kreis einer Clique (wie mir schien), ging ohne Zögern auf ihn zu und fragte, ob er mit mir tanzen möchte. Er blickte nur hochmütig und mitleidig auf mich Kleine herab, ohne mich eines Wortes zu würdigen. Ich schluckte kurz und setzte meine Sondierung fort. Bis zwölf Uhr (Demaskierung) sollte man möglichst den Typen gefunden haben, mit dem man den Rest der Nacht schmusend verbringen wollte. Ohne schützende Maske hatte man es als Frau noch schwer, davon abgesehen, dass nach zwölf Uhr meist nur noch Ausschuss übrig war und man gleich hätte heimgehen können. Das kam für mich allerdings nicht infrage, weil ich kein Auto besaß und vom Ball aus gleich morgens in die Schule und später zur Arbeit in die Bank ging.

Zurück zur Waschküche. Während wir die Wäsche bearbeiteten, sangen meine Mutter und ich unser Repertoire an Liedern, oder Mutti erzählte mir Geschichten aus ihrer Jungmädchenzeit in Dortmund, wo sie viele Freundinnen hatte. Mit 20 war es bei ihr abrupt zu Ende damit, und mit 21 hat sie mich zur Welt gebracht. In dem kleinen Industrieort ist sie immer etwas fremd geblieben, und die Familie meines Vaters akzeptierte sie nur mit Skepsis. Während des ersten Ehejahres fand sie Trost bei ihrer Schwester Gertrud, die ja mit einem Bruder meines Vaters verheiratet war und im gleichen Dorf wohnte. Kurze Zeit später erkrankte die geliebte Schwester an Tuberkulose und starb ganz schnell. Sie hinterließ einen Jungen (Ingo) von einem Jahr (so alt wie ich). Während ich in einem Elternhaus aufwuchs, in dem ich geliebt wurde, musste mein armer Doppelvetter ohne diese Geborgenheit aufwachsen. Sein Vater heiratete zwar wieder, doch die Frau zog die eigene Tochter dem Stiefsohn immer vor. Er hatte ziemliche Probleme in der Pubertät und starb bereits mit Anfang 40 an einem Herzinfarkt.

In der Waschküche wurde ich auch von meiner Mutter aufgeklärt. An den Klapperstorch habe ich nie glauben müssen, nur, wie die Kinder „unters Herzchen" kommen, sagte sie mir nicht. Dafür gab sie mir ein frommes Blümchen-Bienchen-Heftchen, das ich zusammen mit Freundinnen studierte. Wir waren schockiert und konnten es kaum glauben, dass „Schweinerei" bei Erwachsenen erlaubt war. Dabei hatte ich als Kind oft gesehen, wie der Hahn auf die Hennen sprang. Ich habe ihn daraufhin jedes Mal verjagt, weil ich dachte, er wäre böse und würde die guten, armen Hennen in den Kopf hacken. Er muss sich ganz schön von mir gestört gefühlt haben.

Wir hörten damals, dass die Amerikaner sogar Spülmaschinen hatten. Nie hätten wir es für möglich gehalten, dass es auch bei uns einmal einen solchen Luxus geben würde. Ich selbst habe mir erst vor ein paar Jahren eine Spülmaschine zugelegt, als ich merkte, dass meine Hände empfindlicher geworden sind.

Obwohl ich ein eher artiges Kind war, hatte ich es gleichzeitig faustdick hinter den Ohren. In meiner Fantasie habe ich munter vieles vorweggenommen, was man eigentlich erst als erwachsene Frau tun darf. Bereits mit sieben, acht Jahren träumte und hoffte ich, Armin, der Nachbarsjunge, würde mich küssen. Dafür malte ich mir Lieblingsszenarien aus. Wir Kinder spielten besonders gern in Heuschobern. In unserem Hof gab es einen über einem Kleintierstall. Dort sollte die Verführung abends stattfinden. Leider kam es nie dazu, weil meine Mutter bei anbrechender Dunkelheit energisch aus dem Fenster rief: „Uuuuursel, komm heim essen!" Ich war so enttäuscht, weil ich mich an einem Abend schon ganz nah am Ziel gewähnt hatte. Wieder eine Gelegenheit verpasst!, dachte ich ärgerlich. Am nächsten Tag erzählte mir meine Freundin Marianne, dass die „Orgie" tatsächlich stattgefunden hätte. Ich war ziemlich frustriert und neidisch. Zu meinem Trost war Armin aber nicht dabei gewesen. Ohne ihn hätte ich sowieso nicht mitgemacht. Und eigentlich glaubte ich meiner Freundin auch nicht wirklich. Sie wollte sich sicher nur wichtig tun. Es war übrigens nicht die Direktorentochter.

Eine andere Küsserei sollte im Schnee beim Schlittenfahren passieren. Auf der abschüssigen Fichtenstraße pflegten wir eine Reihe Schlitten aneinander festzubinden, rasten so schnell wie möglich zu Tal und purzelten am Ende der Sackgasse alle durcheinander und übereinander. Ich wollte neben Armin vom Schlitten fallen und ihm dann die Gelegenheit geben, mich überraschend zu küssen. Auch das wurde nicht wahr. Armin war dermaßen schüchtern, obwohl er zwei Jahre älter war als ich. Aber seine Burgen im Sandkasten waren die prächtigsten. Dafür bewunderte ich ihn sehr. Später wurde er Akademiker.

Zu meiner Freundin sagte ich eines Tages leichtsinnigerweise, als ich meinem Teddybär ein großmaschiges Netz überzog: „So möchte ich, dass Armin mich sieht!" Am nächsten Tag behauptete meine Freundin, sie hätte es ihm erzählt. Ich versank fast im Boden vor Scham. Kurz darauf waren wir drei Kinder zusammen im Haus meiner Freundin. Ihre Eltern waren nicht da. Noch immer konnte ich Armin nicht wieder unbefangen unter die Augen treten. Was mich noch heute wundert, war die Aktion, die ich unternahm, um meine Verlegenheit zu überspielen. Ich schnappte mir einen eisernen Schürhaken und rannte damit wie wild drohend durchs Haus, immer hinter Armin her. Ich glaube, er bekam regelrecht Angst vor mir und flüchtete ins Freie.

Wir waren übrigens „verheiratet". Sogar mehrmals gelang es mir, ihn zur Hochzeit zu überreden. Er zierte sich zwar jedes Mal, gab dann aber nach, wenn ich ihm zu sehr auf die Pelle rückte. Ich habe auch ein Foto davon, auf dem ich meinen schönsten Faltenrock mit Blüschen trug. Ins Haar steckte mir Mutti eine alte Gardine. So zogen wir untergehakt durch Höfe und Straßen, alle Nachbarskinder als Hochzeitsgäste im Schlepptau. Meine Freundin trug den Schleier. Das Brautpaar bekam von meiner Mutter je ein Stück Kuchen. Für alle reichte es leider nicht.

Bald danach zog Armin mit seinen Eltern ins eigene Haus im Nachbarort und wurde aufs Internat geschickt. Ich vermisste ihn und fuhr öfter mit dem Rad an seinem Haus vorbei, sah ihn aber nie, bis zum Alter von 14 Jahren. Er war zur Kirmes nach Göttelborn gekommen. Wir standen bei einem Karussell, das während der Fahrt von einer Plane verdeckt wurde. Armin lud mich zu einer Fahrt darauf ein. Ich freute mich und hoffte, dass im Dunkeln nun endlich mein Traum vom Kuss erfüllt werden würde. Immerhin war er schon 16. Wieder wurde ich enttäuscht. Vor lauter Schüchternheit brachten wir beide kein Wort heraus. Komische Kinder. Wieder verstrichen sieben Jahre, bis wir uns erneut, diesmal im Zug, begegneten. Jetzt fanden wir Worte, verstanden uns aber nicht. So endete also meine erste große Kinderliebe. Viel später feierte ich einmal Karneval mit seinem jüngeren Bruder. Dieser sagte stolz: „Wenn das der Armin wüsste!" Als Kind hatte ich den kleinen Bruder, der ständig flennte, überhaupt nicht beachtet.

Im Evakuierungsbauerndorf fuhren wir ebenfalls Schlitten. Dort fuhr man auf dem Bauch liegend die verschneite Dorfstraße hinunter. Kurz vor Abfahrt warf sich im letzten Augenblick ein Junge auf mich und flüsterte mir ins Ohr: „Ich liebe dich." Das gefiel mir auch gut. Es gab allerdings auch einen Jungen, der mir drohte, mich zu schlagen. Einmal, als ich bei einer Freundin zu Besuch war, lauerte er mir auf und besetzte die Haustür, sodass ich nicht wagte herauszukommen. Irgendwann muss es ihm zu langweilig geworden sein. Er hat seine Drohung nämlich nicht in die Tat umgesetzt. Anscheinend hat er Fremdenhass praktiziert. Für ihn nahm es jedoch kein gutes Ende. Ein oder zwei Jahre später – wir hatten das Bauerndorf inzwischen längst verlassen – erzählten uns Freunde, dass dieser Junge in der durch die Kriegshandlungen abgebrannten Kirche von den Trümmern erschlagen worden sei. Das gab mir zu denken. Folgt die Strafe etwa manchmal doch auf den Fuß, und das sogar in einer Kirche?

Einen anderen Jungen, Fried Kuhlmann, hatte ich ebenfalls sehr gern. Er wohnte schräg gegenüber von uns. In den ersten zwei Jahren begleitete er mich immer von der Volksschule nach Hause. An ihm bewunderte ich, wie er seine Milchkanne trug. Er hängte sie nämlich an einen seitlichen Haken seines Ranzens. Das fand ich ungeheuer lässig oder cool (wie man heute sagt) und wollte es ebenfalls probieren. Dabei passierte mir dann das Malheur mit der Milch, die auf den Bürgersteig floss. Leider zog Fried mit seinen Eltern nach Essen, als wir gerade sieben waren. Das bedauerte ich sehr. Er gab mir seine Adresse und ich schickte ihm ein Foto (komischerweise von ihm und nicht von mir) und einen Brief. Seinen Antwortbrief habe ich bis zum heutigen Tag aufbewahrt. Inzwischen ist er ein Puzzle. Es war mein erster Liebesbrief.

Essen, 11.11.1943

Liebe Ursel!

Ich habe Deinen lieben Brief mit dem Bild dankend erhalten. Ich habe mich sehr gefreut. Das Bildchen ist sehr schön, nur schade, dass Du nicht darauf bist, dann hätte ich doch wenigstens ein Andenken von Dir. Wir bleiben jetzt vorläufig in Essen. Nach Göttelborn werden wir wohl nicht mehr kommen. Bei uns kommen oft die Flieger. Ich gehe immer mit meiner Mutter im Bunker. Liebe Ursel! Nochmals vielen Dank, und die besten Grüße sendet Dir Fried.

Ich frage mich, ob Fried die Bombenangriffe in Essen gut im Bunker überstanden hat und ob er noch lebt.

Frustrationen und Erfüllung

Sex war für Frauen vor rund 50 Jahren noch eine riskante Angelegenheit. Man hatte ihn, genau wie heute, auch ohne Trauschein. Doch das musste in aller Heimlichkeit passieren. Wenn Eltern solche Kontakte im eigenen Haus duldeten, standen sie mit einem Bein wegen Kuppelei im Gefängnis. Ansteckende Krankheiten waren nicht die Hauptgefahr. Syphilis hatte durch Antibiotika ihren Schrecken verloren, und Aids gab es noch nicht. Doch wenn die Menstruation nicht pünktlich einsetzte, geriet man in Panik. Man konnte aber nie überprüfen, ob man wirklich schwanger war. Einen Test gab es noch nicht. Auch Frauenärzte waren sich in den ersten Wochen noch nicht sicher, ob ein Baby im Anmarsch war. Also zitterte man alle vier Wochen und durchlebte bange Tage, bis Blutspuren im Slip waren. Hatte man etwas mit einem Mann, der ehescheu oder schon verheiratet war oder dem man nur mangels eines Besseren beischlief, war die Angst umso größer. Ein uneheliches Kind war eine große Schande, die einem leicht das ganze Leben verpfuschte. Ich wäre auch mit Petting allein ganz zufrieden gewesen. Die Männer hielten das jedoch für unnormal. Sie mussten sich jedes Mal mit vollem Körpereinsatz beweisen und sagten dabei: „Ich passe auf“, und danach: „Wie war ich?“ Die Verantwortung für unerwünschte Folgen trug aber letztlich die Frau, wenn der Mann sich aus dem Staub machte.

Im Allgemeinen fing man nicht so jung an wie heute. Ich war schon 19, aber noch nicht volljährig, als ich dem Drängen meiner ersten Liebe Karl nachgab. Volljährig wurde man damals erst mit 21. Wir waren beide völlig unerfahren und ungeschickt. Ich fand das Ganze immer noch ziemlich ungehörig. Obwohl mein Freund nicht mehr warten wollte, klappte es bei ihm nicht. Wahrscheinlich wollte er sich nur endlich mit 21 seiner Männlichkeit versichern. Um mich zu überreden, sagte er: „Wenn du ein Kind bekommst, heirate ich dich.“ Es fiel ihm nicht ein, zu fragen, ob ich ihn überhaupt heiraten wollte.

Nun dachte ich, dass wir „miteinander gehen“. Ich hatte gerade meine erste Stelle bei der Bank angetreten und er ein langes Ingenieurstudium vor sich. Da seine Eltern noch weniger Geld als meine hatten, war sein Taschengeld knapp bemessen. Mich in ein Café einzuladen oder Ähnliches, war nicht drin. Also schlug ich ihm vor, dass ich für uns beide bezahlen könnte. Das lehnte er jedoch kategorisch ab, weil er zu stolz dafür war. Eine andere Erklärung war: Er wolle nicht von mir profitieren. Bis heute weiß ich nicht, was der wahre Grund war. Er tauchte nur sporadisch bei mir auf, so wie es ihm in den Kram passte. Ich war frustriert vom ständigen Warten. Abends küsste ich mein Kissen und weinte. Schließlich hatte ich es satt und sagte zu ihm, als er wieder mal aufkreuzte: „Wenn du nicht weißt, was du willst, brauchst du gar nicht mehr zu kommen.“ Noch ein bis zwei Mal beehrte er mich, und dann sahen wir uns nicht wieder.

Ich dachte aber immer noch an ihn. Als er mir lange danach einmal im Bus begegnete, zitterte ich am ganzen Körper. Über 20 Jahre später – der richtige Mann hatte meinen Weg immer noch nicht gekreuzt – hörte ich durch Bekannte von ihm, er sei nicht besonders glücklich zum zweiten Mal verheiratet. Vielleicht hast du damals einen Fehler gemacht, nicht geduldiger auf ihn gewartet zu haben, dachte ich, wenn er nun doch der Richtige war. Da ich wusste, wo er arbeitete, schrieb ich ihm. Er antwortete und besuchte mich in Luxemburg. Er hatte sich sehr verändert. Seine früher markanten Gesichtszüge waren rundlich-weich geworden, und er wirkte irgendwie gebrochen. Er hätte gern ein unverbindliches Verhältnis mit mir begonnen. Nach einem Versuch stellte sich jedoch heraus, dass unsere Vorstellungen von Sex zu unterschiedlich waren. Viel zu sagen hatten wir uns auch nicht. Er gab an mit seinem schönen Haus und welch wunderbares Brot sein Bäcker backe. Auch mit seinem Stiefsohn verstehe er sich prächtig. Das hat mich nicht beeindruckt. Meine Gefühle für ihn waren endgültig erloschen. Nun habe ich im Internet seine Todesanzeige gelesen.

Inzwischen hatte sich mein Leben in eine andere Richtung entwickelt. Bald darauf nahm ich mir drei Jahre unbezahlten Urlaub und machte mich für zunächst ein Jahr auf den Weg nach Indien. Die Suche nach der wahren Liebe hatte ich einer „Höheren Kraft“ überantwortet. Wenn es den Richtigen in diesem Lebenszyklus für mich gibt, wird er mir eines Tages begegnen, ohne dass ich mich anstrengen muss, sagte ich mir.

Das geschah dann tatsächlich in Südindien. Wir erkannten uns auf den ersten Blick. Obwohl der 16 Jahre jüngere Araber aus Palästina/Israel mit jordanischem Pass keinerlei Erfahrungen mit Frauen hatte, fanden wir mühelos in Liebe zueinander. Seine Warmherzigkeit und sein Feingefühl lenkten ihn. Zum ersten Mal war ich glücklich. In arabischen Ländern kann ein Mann keine Erfahrungen mit anständigen Mädchen sammeln. Zuerst muss geheiratet werden. Bordell kam für meinen Freund nicht infrage. Als ich von ihm wissen wollte, ob es ihn nicht störe, dass ich etliche andere Männer vor ihm gekannt habe, antwortete er: „Nein, wenn nicht, dann wärest du ja nicht die, die du heute bist!“ Mir lief vor Seligkeit das Herz über. Auch der Altersunterschied spielte für ihn keine Rolle.

Wenn ich jetzt darüber schreibe, möchte ich ebenfalls die Vorurteile, die man arabischen Männern gegenüber hegt, ein wenig relativieren. Allerdings kann es auch sein, dass mein Liebster eine löbliche, höchst seltene Ausnahme war. Als ein gemeinsamer Freund ihn einmal in meinem Beisein fragte: „Was würdest du tun, wenn deine Frau etwas mit einem anderen anfinge?“, antwortete er: „Ich würde ihn auch lieben.“ Und das meinte er tatsächlich so. Seine Liebe strömte großzügig allen Menschen entgegen, auch den Nervensägen. „Es wäre ja einfach, nur sympathische Menschen zu lieben“, waren seine Worte. Für mich war es natürlich nicht immer ganz einfach, all die

Leute, die sich wie Kletten an ihn hängten, zu ertragen oder gar zu lieben; zumal er hoffte, dass ich meine Arme ebenfalls weit für eine Frau öffnen würde, die ihn mir mit allen Mitteln der weiblichen Verführungskunst ausspannen wollte. Ich gab mir zwar Mühe, schaffte es jedoch mehr schlecht als recht.

Das Ende der ersten frustrierenden und der Beginn der letzten erfüllenden Liebe berühren sich nun in meinem Text. Auf die meisten Quälereien dazwischen hätte ich gut und gerne verzichten können. Irgendwo tief innen wusste ich immer, dass ich für das Wahre, Echte frei bleiben musste. Durch all die unbefriedigenden Beziehungen vor meiner großen Liebe hätte ich mich fast selbst zerstört. Als endlich eine Verhütungspille erfunden war, freute sich Frau, nun sorglos Liebe machen zu können. Die große sexuelle Befreiung wurde propagiert. Männer erwarteten bedenkenlose Freizügigkeit, sonst bezeichneten sie einen gern als Zicke. „Frauen können doch immer", sagte ein Italiener in Luxemburg zu mir. War Frau hingegen zu entgegenkommend, neigte Mann seinerseits dazu, nicht zu können.

Die Pille der ersten Jahre hatte auch oft zur Folge, dass die Lust litt. Ich fühlte mich ständig mies. Sex war oft eher eine Last, weil die wenigsten Männer Geduld und Einfühlsamkeit aufbrachten. Wenn Frau nicht wie auf Knopfdruck funktionierte, geriet sie schnell in den Verdacht, frigide zu sein, und sie versuchte, in Illustrierten Aufklärung zu finden. Die Gynäkologen verschrieben einem ungefragt die stärksten Hormonhämmer.

Mit 39 war es dann so weit, dass ich operiert werden musste. Ein Eierstock wäre zum Tumor entartet, erklärte mir mein Frauenarzt. Zum Glück stellte sich nach der OP heraus, dass er gutartig war. Ich hatte oft solch unerträgliche Schmerzen, dass ich der Operation zustimmte. Ein Eierstock blieb erhalten. Trotzdem verschrieb mir der Herr Professor Dr. Heinen (der damals berühmteste Gynäkologe im Saarland) danach erneut Pillen mit viel zu viel Östrogen, die ich jahrelang brav schluckte. Schließlich hatte ich Vertrauen zu ihm. Warum eigentlich? Weil er so nett war? Einen Hormonspiegel hat er nie bei mir machen lassen. Bei meinen halbjährlichen Terminen fragte er lediglich einfühlsam: „Wie fühlen Sie sich?“ Wenn ich dann ratlos antwortete: „Manchmal gut, oft schlecht“, sagte er: „Dann nehmen Sie die Pille mal weiter.“ Irgendwann stellte er fest, dass meine Gebärmutter (auch ohne Schwangerschaft) immer größer wurde. Als sie (mit seinen Worten) „Frauenfaust-Größe“ erreicht hatte, meinte er: „Sie müssen sich an den Gedanken gewöhnen, wieder operiert zu werden.“ Ich wollte aber meine Gebärmutter nicht aus dem Bauch reißen lassen und entschloss mich, besser den Doktor aus meinem Terminkalender zu streichen. Ich denke, Operieren war seine Lieblingsbeschäftigung. Außerdem war ich Privatpatientin. Aus eigener Initiative setzte ich die Pille ab und fühlte mich schlagartig besser.

In Luxemburg konsultierte ich eine Ärztin. Sie ertastete, dass meine Gebärmutter nicht so übermäßig groß war, um sie unbedingt operieren lassen zu müssen. Außerdem fand sie, dass das Östrogen in meiner Pille viel zu hoch dosiert sei. Sie verschrieb mir stattdessen ein anderes Medikament, das ich nur kurze Zeit einnahm. Es ging mir stetig besser, und das Myom schien nicht weiterzuwachsen, Auch die Wechseljahre vollzogen sich irgendwann nach 50 ohne Hitzewallungen oder andere Unannehmlichkeiten. Ich stellte außerdem fest, dass sich meine Gesichtszüge vorteilhaft veränderten. Jahrelang wirkten meine Wangen irgendwie geschwollen und die Gesichtskonturen waren weichlich. Am ganzen Körper schmolzen nun unliebsame Pölsterchen, ohne dass die Brust merklich kleiner oder schlaffer wurde. Mein Gewicht verringerte sich, bis es bei ungefähr 50 Kilo (dem Gewicht vor der Pilleneinnahme) stehen blieb, und das, ohne zu hungern. Allerdings ernähre ich mich seit Langem vegetarisch, mit wenig Eiern und etwas Fisch. Das ist nun über 20 Jahre her, und ich lebe noch immer sehr gut mit meiner vergrößerten Gebärmutter. Manchmal rede ich mit ihr und sage:

„Liebes Gebärmütterchen, zieh dich zusammen, du musst nicht so dick bleiben, weil du keine Kinder mehr austragen musst!“

Ich habe die Verantwortung für meine Gesundheit selbst in die Hand genommen. Um Gynäkologen mache ich seitdem einen großen Bogen. (Dies ist kein Ratschlag. Jeder sollte auf seine eigene innere Stimme hören.) Ich kenne mehrere Frauen, die trotz regelmäßiger Vorsorgeuntersuchungen an Krebs erkrankt und zum Teil gestorben sind. Warum soll ich dann ständig die unangenehme Prozedur auf dem Stuhl über mich ergehen lassen, wenn sie ja doch keine Garantie fürs Überleben ist? Außerdem habe ich Besseres zu tun und verwende meine Zeit lieber für andere Dinge, zum Beispiel fürs Bücherschreiben.

Manch einer mag diese Einstellung für verantwortungslos oder dumm halten. Da ich jedoch nicht an Zufälle glaube, halte ich alles im Leben – auch Krankheiten – für von der Seele gewählte Gelegenheiten, Erfahrungen für die Weiterentwicklung des ewigen, wahren psychischen Wesens zu machen, die im aktuellen Leben gerade benötigt werden. Wenn man es vermag, die richtigen Lehren und Schlüsse aus den Krankheiten zu ziehen, verschwinden sie meist wieder ganz von allein. So empfinde ich es jedenfalls. Manchmal hilft auch eine begleitende Unterstützung durch einen anderen, heilerisch begabten Menschen.

Als Beispiel dafür möchte ich eine europäische, in Indien lebende Freundin anführen. Bei einer Routineuntersuchung wurde bei ihr Brustkrebs diagnostiziert und der Arzt riet ihr dringend zu einer Operation. Meine Freundin wollte sich jedoch nicht verstümmeln lassen und befolgte diese Empfehlung nicht. Da sie ein spirituell orientierter Mensch ist, suchte sie nach einem anderen Weg. Ihrer Intuition folgend, fand sie eine Heilerin in Nordindien. Sie fuhr zu der sehr einfachen, bescheidenen Frau und vertraute sich ihren heilerischen Fähigkeiten an. Als sie deren Haus wieder verließ, hatte meine Freundin nicht den geringsten Zweifel daran, dass diese Frau sie geheilt hatte. Einige Zeit später ließ sie sich erneut schulmedizinisch untersuchen und es stellte sich heraus, dass der Tumor vollständig verschwunden war. Auch bei wiederholten Untersuchungen war alles in Ordnung. Bemerkenswert finde ich ebenfalls, dass meine Freundin selbst Ärztin (Psychiaterin) ist und vor ihrer Erkrankung nicht an Wunderheilungen geglaubt hatte.

Bevor ich Patientin des saarländischen Professors wurde, konsultierte ich wegen ständiger Schmerzen im Unterleib einen luxemburgischen Frauenarzt. Er schlug mir vor, meinen Blinddarm herausnehmen zu lassen, damit er bei dieser Gelegenheit mal nachsehen könne, was mit meinen Geschlechtsorganen los sei. Dazu hatte ich jedoch keine Lust und wechselte den Arzt, wodurch ich womöglich vom Regen in die Traufe kam.

Fast 30 Jahre lang fühlte ich mich selten wirklich gut. Zuerst durch die Sorge, unverheiratet schwanger zu werden, und dann durch die „Pille“. Das Östrogen bewirkte bei mir auch, dass die Blutungen extrem stark, unregelmäßig und lang waren. Manchmal hatte ich kaum 14 Tage meine Ruhe. Der Urlaub wurde oft dadurch verdorben, dass ich nicht schwimmen gehen konnte. Als ich jünger war, nahm ich vor den Urlauben manchmal Pillen, um die Periode zu verschieben. Doch dann fühlte ich mich wie aufgestaut.

Wir Frauen hatten es wirklich nicht immer leicht. Es würde mich interessieren, wie junge Frauen von heute dieses Problem meistern. Ist die Verhütung überhaupt noch ein Problem? Dadurch, dass die Männer jetzt Angst haben, mit Aids angesteckt zu werden, sind sie wahrscheinlich eher bereit, Kondome zu benützen. Früher klagten sie, dass ihre Empfindungsfähigkeit dadurch beeinträchtigt würde. Vielleicht können die Frauen auf diese Art die belastende Einnahme von Hormonen nun umgehen.

Alles hat seine zwei Seiten. Auch die Enthaltsamkeit oder zumindest sparsamere Ausübung des Koitus hat womöglich wieder an Stellenwert gewonnen. Wenn ein junges Mädchen nicht gleich alles mitmacht, hat der Freund heutzutage vielleicht mehr Verständnis und Geduld als in meiner Jugend. Ich frage mich, wie meine Eltern es geschafft haben, ohne Verhütungsmittel nur zwei Kindern das Leben zu schenken. Als kleines Mädchen habe ich einmal mitbekommen, wie meine Mutter Kondome ausgewaschen hat. Auch sie war in der Obhut eines „verantwortungsbewussten" Frauenarztes, der ihr bis ans Lebensende eine Hormonersatztherapie angedeihen ließ. Im Krankenhaus, kurz vor ihrem Tod, dachte natürlich niemand mehr daran, ihr die Östrogenpille zu verabreichen. So wurden ihre Leiden also von einer Abbruchblutung begleitet. Manche Frauen bekommen Brustkrebs, andere Gebärmutterkrebs, und meine Mutter bekam Krebs im Kopf. Fast jeder Mensch hat eine empfindliche Stelle, wo sich der Krebs zuerst einnistet. Vielleicht war die jahrelange Einnahme von Hormonpillen der Auslöser von Krebs. Wilhelmine musste ein Leben lang ihr wahres Wesen und Temperament unterdrücken. So etwas scheint sich vor allem im Gehirn auszuwirken.

An dieser Stelle sei nun der Aufrichtigkeit halber ein Tabu erwähnt, das mich seit zartestem Kindesalter verfolgte, ehe ich das Wort Sex überhaupt gehört hatte: die Selbstbefriedigung. Ein etwas älteres Mädchen kitzelte mich eines Tages im Garten mit einem Grashalm am „Hinnerle" und löste so zum ersten Mal ein seltsam schönes Gefühl bei mir aus. Danach tat ich es immer wieder selbst, obwohl ich mir tausendmal vornahm, es zu lassen. Ich dachte, dass niemand auf der ganzen Welt so schlecht sei wie ich, und schämte mich unsäglich vor mir selbst und vor Gott. Lieber wäre ich gestorben, als mich je dabei erwischen zu lassen. Sosehr ich mich auch anstrengte, davon loszukommen, gelang es mir nicht. Später fand ich in der Bibel eine Stelle, die mir diese „Todsünde" bestätigte. Infolgedessen fürchtete ich, dass der Himmel nichts mehr von mir wissen wollte. (Die *Spätzünderin* war also eine *Frühsünderin*.) Erst der Film „Das Schweigen" von Ingmar Bergman erlöste mich von diesem Gefühl der schändlichen, einsamen Schuld. Viel später bemerkte ich mit Verwunderung, dass meine kleine Nichte überhaupt keine Hemmungen dabei hatte, vor meinen Augen am helllichten Tag an sich herumzufummeln und am Ende wollüstig zu stöhnen.

Da kommt mir ein ganz anderes unsägliches, praktisches Problem wieder in den Sinn. Im und nach dem Krieg gab es keine Wegwerfbinden zu kaufen. Tampons waren noch nicht erfunden. Meine Mutter hatte noch einige Binden aus Stoff, die nach jeder Benutzung gewaschen werden mussten. Die gab sie mir, wenn sie sie nicht gerade selbst brauchte. Sie wurden wie die übrige Weißwäsche im Hof auf der Leine getrocknet. Einmal fragte eine Nachbarin meinen kleinen, etwa dreijährigen Bruder: „Weißt du, was das ist?“, worauf er stolz wie aus der Pistole geschossen antwortete: „Ja, Binden.“

Bald waren diese Stoffbinden aufgebraucht und man musste sich Lappen aus alten Schlüpfern oder Hemden zurechtmachen. Die waren natürlich höchst unsicher. Manches Mal zeigten sich rote Flecken auf dem Kleid. Sie klebten und scheuerten auch ganz scheußlich. Wenn ich in der Schule in der Bank aufstehen musste, um eine Antwort zu geben, rieb ich mich manchmal verstohlen vorsichtig am Rand der Bank. Ein Mädchen, das vor mir saß, stank immer ekelhaft, wenn sie ihre Tage hatte, weil sie sich wahrscheinlich nicht wusch. Das Auswaschen der Lappen fand ebenfalls in der länglichen Waschschüssel statt. Zuerst mussten sie eingeweicht werden und standen oft einen ganzen Tag oder eine Nacht unter dem Spülstein in der Küche. Es kam vor, dass ich das Auswaschen vergaß, bevor ich zur Schule musste. Dann hat sich meine liebe Mutter erbarmt.

Ich habe so einige erniedrigende Erfahrungen mit überheblichen Vertretern des „starken“ Geschlechts machen müssen. Als ich ungefähr 25 Jahre alt war, lernte ich in einem Saarbrücker Schwimmbad einen Studenten kennen. Ich fand ihn nicht übel und freute mich, endlich mal wieder einen intelligenten, gut aussehenden jungen Mann zu treffen. Ich konnte mir vorstellen, dass ich mich allmählich immer mehr in ihn verlieben würde. Als er ins Krankenhaus musste, war ich natürlich für ihn da. Seine Eltern wohnten nicht im Saarland. An einem Fußknöchel hatte sich eine tuberkulöse Stelle gebildet, die herausoperiert werden musste. Da das Essen im Krankenhaus nicht besonders gut war, brachte ich ihm eine nahrhafte, von meiner Mutter gekochte Suppe. Ich hatte ihn auch mit dem Auto meiner Eltern zum Krankenhaus gefahren. Das empfand ich alles als ganz selbstverständlich, also als nichts Besonderes. Was mir allerdings noch heute wehtut, war, dass meine Mutter, die an diesem Tag mit mir in Saarbrücken war, umständlich mit Zug und Bus nach Hause fuhr, weil der Herr Student vorging. Sie hatte Verständnis und freute sich ebenfalls über meine neue Bekanntschaft.

Nachdem mein Freund das Krankenhaus geheilt verlassen hatte und wieder in seine Studentenbude der Universität zurückgekehrt war, besuchte ich ihn dort. Wir hatten noch nichts zusammen gehabt. Mangels richtiger Sitzgelegenheiten saßen wir nebeneinander *auf* dem Bett. Das brachte ihn nun auf die Idee, mit mir *ins* Bett zu gehen. Schlechte Erfahrungen hatten mich jedoch zu dem Entschluss gebracht, es den Männern in Zukunft nicht mehr allzu leicht zu machen. Also fragte ich, was er eigentlich von mir wolle, und erklärte ihm, dass ich keine Lust zu einem kleinen Abenteuer hätte. Außerdem nahm ich nicht die Pille, weil es sie, glaube ich, noch gar nicht gab. Ich erwartete ja gar nicht, dass er mir gleich einen Heiratsantrag machte, aber was er jetzt von sich gab, ließ mich dann doch mit den Ohren schlackern. „Als Sommerliebe bist du ja ganz nett“, meinte er, „aber herkunfts- und bildungsmäßig bist du nicht auf meinem Niveau.“ „Gut“, erwiderte ich, „dann kann ich ja gehen“, stand auf und verließ, ohne zu zögern, seine Bude. Verdattert kam er mir bis zum Auto hinterher und wusste nicht, was er noch sagen sollte. Ich sagte auch nichts mehr, stieg ruhig in mein Auto und fuhr nach Hause.

Später wunderte ich mich selbst ein bisschen, dass ich so konsequent und entschlossen gehandelt hatte. Aber so viel Überheblichkeit fand ich dann einfach nur schon wieder dämlich oder komisch. Einen solchen Mann hätte ich sowieso nicht heiraten wollen. Hätte er geantwortet: „Ich liebe dich nicht genug für eine feste Beziehung“, hätte ich Verständnis gehabt und wäre ihm nicht weiter böse gewesen. Schließlich hatte ich auch schon etlichen Männern einen Korb gegeben.

Das größte, verletzende Malheur, das mir je zugestoßen ist, gebe ich nun ebenfalls hier preis. Die Tatsache, dass es mir nicht schwerfällt, darüber zu schreiben, beweist, dass es längst keine Belastung mehr für mich darstellt. Ich betrachte die junge Frau, die ich damals war, mit einem gewissen Interesse und einigem Abstand von außen und wundere mich nur, wie dumm sie vor 50 Jahren manchmal war.

Mit 27/28 Jahren hatte ich einen Freund, der natürlich mit mir schlafen wollte, und ich auch mit ihm. Danach missachtete er mich jedoch. Er betonte nämlich, dass seine Schwester so etwas nicht tue (obwohl sie einen Freund hatte). Sie würde ihn nicht einmal küssen. Hätte ich dumme Gans doch nur gleich wieder mit ihm Schluss gemacht nach solch arroganten Reden, dann wäre mir eine traumatische Erfahrung erspart geblieben! Da ich aber nun endlich auch einmal heiraten und Kinder haben wollte, ließ ich mich nicht abschrecken und bemühte mich weiter, ihn bei Laune zu halten und an mich zu binden.

Als ich schon voller Hoffnung war, dass er mich zum Traualtar führen würde, war eines Tages meine Periode überfällig. Es handelte sich nur um ein paar Tage. Ob ich schwanger war, wusste ich also noch nicht wirklich. Aber irgendwie fühlte ich mich diesmal anders als sonst. Ich war euphorisch und strahlte regelrecht vor Vitalität. Es ging mir so richtig gut, sogar meine Brust fühlte sich praller an. Daraus schloss ich, dass ich tatsächlich „in anderen Umständen“ war. Ich freute mich und gestand es meinem Freund. Dieser reagierte jedoch leider nicht so positiv, wie ich es mir gewünscht hätte. Im Gegenteil, er war richtig eklig zu mir und sagte, dass er das Kind nicht wolle. Seltsamerweise klammerte ich mich noch immer an die Vorstellung, alles würde gut, wenn ich mich zunächst seinem Willen fügen und das Kind „wegmachen" lassen würde. Woher ich diese Illusion nahm, konnte ich mir später nicht mehr erklären. Ich war wie in einem bösen Traum, abgestürzt aus größter Vorfreude auf ein Baby.

Auch meiner Mutter hatte ich bereits davon erzählt, die sich natürlich ebenfalls freute. Mein Freund hatte einen Apotheker-Bekannten, von dem er sich Rat holte. Danach brachte er mir Chinin und behauptete, dass diese Substanz eine verspätete Menstruation in Gang bringen könne. Das hätte mit Abtreibung nichts zu tun. Ich schluckte also die Pillen, worauf unerträgliche Unterleibskrämpfe einsetzten, aber von einer Blutung keine Spur. Nun war ich völlig verwirrt und wusste nicht mehr, was ich tun sollte. Ich fürchtete nämlich, womöglich dem Fötus geschadet zu haben, und dass nun ein behindertes Kind zur Welt kommen könnte. Der Herr redete weiter auf mich ein und bearbeitete mich hartnäckig, eine Abtreibung vornehmen zu lassen. Auch eine Adresse von einem dubiosen Arzt hatte er schon ausfindig gemacht.

Ich war zermürbt und sah mich schon mit einem kranken Kind abhängig im Elternhaus sitzen, alle Hoffnungen auf eine vielversprechende Zukunft zerstört. So gern ich meine Mutter auch hatte, so gefiel mir der Gedanke, dass sie mein Kind großzöge und seine Erziehung in die Hand nähme, während ich arbeitete, überhaupt nicht. Wenn ich mir jetzt schon keine eigene Wohnung leisten kann, wie soll ich es dann mit einem unehelichen Kind schaffen?, fragte ich mich verzweifelt. Also gab ich nach und ließ mich von dem falschen Freund zum Arzt fahren. Vor der Eingangstür drückte er mir noch zerknirscht 500 DM in die Hand. Das war damals viel Geld. Mein Auto hatte ich irgendwo anders geparkt, weil wir das letzte Stück zur Arztpraxis im Wagen jenes „Freundes“ fuhren. Der Feigling ging nicht mit mir zusammen in die Praxis, sondern machte vor der Tür kehrt und entfernte sich eiligst. Er würde mich später abholen, versprach er.

Nachdem der Arzt sein Honorar bekommen hatte, fragte er, warum ich das Kind nicht wolle, und ich beichtete unter Tränen, dass der Vater verheiratet sei. Ich nahm an, dass er dann eher geneigt wäre, meiner Bitte zu entsprechen. Die Lüge verfehlte auch nicht ihre Wirkung. Trotzdem würgte er mir noch diese Gemeinheit rein: „Sie müssen sich darauf gefasst machen, dass der Vater Sie später eine Schlampe nennt.“ Auch wollte er nicht, dass ich meinem Freund sagte, wo ich den Abbruch habe vornehmen lassen (wo ich doch die Adresse von ihm hatte, welch Ironie!). Ich fühlte mich total erniedrigt und mit Schmutz beworfen. Trotzdem blieb ich tapfer und wollte alles so gut es eben ging hinter mich bringen.

In der ziemlich heruntergekommen wirkenden Praxis legte ich mich also auf eine Pritsche, ließ mir eine Narkose geben und wurde erst Stunden später wieder wach. Was wirklich mit mir geschehen war, habe ich nicht bewusst miterlebt. Ich frage mich heute, ob der Arzt keine Angst hatte, dass ich nicht mehr aufwachen könnte, und er dann ein Problem am Hals gehabt hätte. Irgendwann kreuzte dann Ernst im Flur der Praxis auf und brachte mich zu meinem Auto. Obwohl ich mich hundeelend fühlte, setzte ich mich hinters Steuer und fuhr allein nach Hause zu meinen Eltern. E. stieg in sein Auto und fuhr los, ohne sich noch einmal nach mir umzusehen. Ob er sich erleichtert fühlte oder ob er ein schlechtes Gewissen hatte, weiß ich nicht.

Im Elternhaus angekommen, ging ich gleich, ohne viel zu reden, in mein Zimmer und legte mich ins Bett. Meine Mutter kümmerte sich liebevoll um mich und war sehr betrübt. Sie riet mir, über diese schlimme Sache nie mit jemand zu sprechen. Ich hatte sie übrigens vorher nicht um ihren Rat, was ich tun solle, gefragt. Mein Vater war etwas hilflos nett, fragte aber nicht, was mit mir los sei. Das entsprach seiner Art; bei Schwierigkeiten steckte er wie der Vogel Strauß den Kopf in den Sand. Immerhin konnte ich mich aber unter seinem Dach wieder allmählich erholen.

Zum Gynäkologen ging ich danach nicht, was ich später ebenfalls nicht verstand. Ich hatte nämlich noch längere Zeit Schmerzen und Blutungen. Wahrscheinlich fürchtete ich, dass der Arzt merken würde, dass ich eine Abtreibung hinter mir hatte, und das war damals noch strafbar. Mein „Ex-Freund" kam mich sogar im Elternhaus, während ich noch im Bett lag, besuchen. Ich fragte ihn, ob er kein Mitleid mit mir habe, erinnere mich jetzt aber nicht mehr, was er darauf antwortete. Diese Frage war taktisch wieder einmal total verkehrt und naiv. Wie konnte ich glauben, Mitleid sei für einen Mann ein Motiv, eine Frau, deren Kind er nicht wollte, zu heiraten?!

Als ich meine Arbeit bei der Hütte wieder aufgenommen hatte, wartete ich auf einen Anruf von E. Der kam jedoch nie. Also ergriff ich erneut die Initiative und rief ihn in seiner Firma an. (Er hatte einen kleinen Eloxierbetrieb.) Eine Angestellte versprach ihn zu holen, doch nach einer Weile wurde der Hörer aufgelegt und ich hörte nichts mehr von dem famosen Herrn. „Gott sei Dank!", sage ich rückblickend. Er brüstete sich übrigens damit, dass er außer Fachliteratur noch nie ein Buch gelesen habe. Wirklich geliebt hat er wahrscheinlich nur seinen Collie. Der gehorchte ihm nämlich aufs Wort.

Ein paar Monate später, Anfang 1965, zog ich nach Luxemburg und begann ein neues, besseres Leben.

Als in den Siebzigerjahren der Paragraf 218 geändert wurde, freute ich mich. Endlich mussten sich junge Frauen nicht mehr beschimpfen und erniedrigen lassen, wenn sie sich wegen ihrer Umstände nicht in der Lage sahen, ein uneheliches Kind in die Welt zu setzen. Keine Frau tut das aus lauter Jux und Tollerei. Vor allem sollte ihnen das Recht zugestanden werden, ihre Entscheidung ohne Druck und Diskriminierung in Freiheit selbst zu fällen. Befreiend war es auch für mich, dass 1971 prominente Frauen plötzlich offen bekannten, abgetrieben zu haben. In der gleichen Zeitschrift („Saphir"), in der 1971 meine Reportage „Heirat auf luxemburgisch" veröffentlicht wurde, stand auch folgender Artikel:

Ein Schritt zu größerer Unabhängigkeit

Protest gegen das Abtreibungsverbot. Sabine Sinjen, prominenter Film- und Fernsehstar, ist eine der 374 deutschen Frauen, die in einer großen Illustrierten öffentlich bekannt haben: „Ich habe abgetrieben." Die Bundesregierung sieht sich veranlasst, im Rahmen der Strafrechts-Reform bis zum Jahresende einen Gesetzentwurf vorzulegen, in dem auch eine Neufassung des Paragraphen 218 (bisher: bis zu fünf Jahren Freiheitsstrafe für eine Frau, die abtreibt oder eine Abtreibung zulässt) vorgesehen ist. Von dieser Gesetzesänderung sind 12 Millionen Frauen im Alter zwischen 15 und 45 Jahren betroffen. Experten schätzen, dass jährlich etwa 400.000 Frauen gegen den jetzt genau 100 Jahre alten Paragraphen 218 verstoßen. 1969 jedoch kamen nur 276 Fälle von Abtreibungen vor den Richter. Die Frauen, die es sich leisten können, fahren nach London zum dort legalen Eingriff. Die große Mehrheit muss sich von skrupellosen Pfuschern helfen lassen. Eine Minderheit findet helfende, dann aber von Strafen bedrohte Ärzte.

Trotz aller erlittenen Widrigkeiten im Zusammenhang mit Männern beklage ich mich nicht; schließlich habe ich die Kotzbrocken freiwillig selbst ausgewählt. Musste ich am Ende auch negative Erfahrungen machen, um mich besser kennenzulernen und bestenfalls zu verändern? In meinem jetzigen Alter habe ich nicht das Gefühl, etwas Grundlegendes im Leben falsch gemacht oder versäumt zu haben. Die wahre Liebe mit 44 Jahren hat mich für alle Leiden entschädigt. Hätten mich einige Männer nicht so schlecht behandelt, wäre ich für den Richtigen nicht mehr frei gewesen. Ich habe ein Gefühl, als hätte die gnädige Vorsehung mir die Entscheidung für oder gegen ein Kind abgenommen.

Vor etwa 25 Jahren schleppte mich eine Freundin einmal zu einem Medium (Judith Henry) in Paris. Diese kluge, aufgeklärte, seherisch begabte Frau schrieb mir folgende Widmung in ihr Buch „Le grand Voyage d'une Ame“: „À Ursula qui a tenu dans ses bras de nombreux enfants et qui sait lire dans les cœurs. Dévouement et sympathie de J. H.“ Daraus schloss ich, dass ich im aktuellen Leben andere Aufgaben zu erfüllen habe.

Komisch, obwohl ich als junges Mädchen immer dachte, ich brauche einen Mann, der meinen Lebensstandard auf eine höhere Stufe hebt, musste ich mir letzten Endes alles selbst allein erarbeiten. Im Rückblick ist mir diese Unabhängigkeit jedoch viel angenehmer, wenn sie auch nicht immer gemütlich und einfach war. Erstens kommt es anders, und zweitens als man denkt.

Heute brauche ich auch nicht herumzulaufen auf der Suche nach Liebe im Alter als Selbstbestätigung. Vom Küssen, geschweige denn von anderem träume ich nicht mehr. Auch Filme oder Bücher über körperlichen Austausch lassen mich inzwischen kalt. Ingrid Noll hat mich kürzlich in einem ihrer Bücher (ich nehme an, es war „Kalt ist der Abendhauch“) zum Lachen gebracht, als ein alter Mann eine alte Frau fragt: „Darf ich Sie küssen?“, und sie antwortet: „Mit oder ohne Gebiss?“

Wichtig im Leben finde ich Offenheit, Ehrlichkeit und Mut, auch damit junge und ältere Frauen sich wieder näherkommen und besser verstehen. Ich lasse mir nicht mehr einreden, dass die verschiedenen Altersgruppen sich von Natur aus fremd oder gar feindlich gesonnen sind. Durch den Austausch von Erfahrungen aus früherer und jetziger Zeit könnte viel für eine bessere Verständigung getan werden. Vielleicht sollten dafür Foren ins Leben gerufen werden.

Wichtig ist auch, dass alte Menschen sich nicht genieren, wenn sie nicht mehr so knackig und vital wie in jungen Jahren sind. Manche verkriechen sich regelrecht verschämt. Mein Vater zum Beispiel wollte in höherem Alter nicht mehr auf der Straße spazieren gehen, weil die Leute dann sagen könnten: „Ist der alt geworden!“ Wer ein hohes Alter erreicht, hat allen Grund, stolz und hoch erhobenen Hauptes seines Weges zu gehen – oder zu humpeln.

Emanzipation

Nach all meinen unbefriedigenden Beziehungen mit Männern beschloss ich, mich von der Abhängigkeit und Ausbeutung zu befreien, indem ich meine Emanzipation einleitete. Oder besser gesagt, emanzipiert war ich schon immer, ich wusste es nur nicht. Das herauszufinden, dabei half mir die neu gegründete „Emma". Sie löste ein Aha-Erlebnis bei mir aus. Mit großer Freude studierte ich sie und schickte folgende Reimereien an die Redaktion:

Glück gehabt

Ich hätte ihn sofort genommen,
wär er mit einem Ring gekommen.
Denn damals war ich noch sehr dumm
und lief verstört im Kreis herum.

In dir sah ich ein Superwesen,
obwohl du nie ein Buch gelesen.
Die Menschen waren dir egal.
Dein Herz bestand aus Edelstahl.

Wie konnte mir das nur gefallen?
Du warst der Mieseste von allen.
Das sage ich in vollem Ernst
und weiß, dass du es niemals lernst,

auch andere neben dir zu dulden,
doch dir soll jeder Achtung schulden.
Wie grässlich hast du angegeben.
Für dich gab's nur ein Ziel im Leben:

Wie mach ich schnell das meiste Geld?
Nichts war dir wichtiger auf der Welt.
Das hätte nicht zu mir gepasst,
viel Geld ist eher eine Last.

Man muss nur ständig überlegen,
was ist zu tun mit diesem Segen?
Ich denke lieber andre Sachen
und möcht mir keine Sorgen machen,

ob Thyssen Dividende kürzt
und mich in eine Krise stürzt.
Du bist für mich Vergangenheit,
die Zeit mit dir liegt zurück endlos weit.

Wie gut bin ich davongekommen,
weil du mich nicht zur Frau genommen!

Tatsächlich wurden die Verse in der Nummer 2 von 1978 mit dem Titelbild von Simone de Beauvoir abgedruckt, nachdem ich noch ein Foto nachgereicht hatte. Ich war ziemlich stolz.

Solche Spottgedichte waren eine Art Ventil für meine Frustrationen. Das Dichten machte meinen Alltag etwas erträglicher. Wenn mich die Büroarbeit anödete, tauchte ich ins Innere ab, sodass am Ende ohne viel Beteiligung des Intellekts rhythmische Sätze mit Reim hervorsprudelten. Manchmal überkam mich der Wunsch, meine Niederschriften mit anderen Menschen zu teilen, doch das hatte fast nie einen positiven Effekt für mich. Eine Freundin, der ich meine einzigen Originale geliehen hatte, sagte, dass sie sie nicht mehr wiederfinde. Gelesen hatte sie auch nichts davon, wie es schien. Nach langer Zeit tauchten sie bei ihr im Keller wieder auf und sie gab sie mir ohne Kommentar zurück.

Ich tröstete mich mit von Eichendorffs Gedicht „Dichterlos“ und wusste, dass ich nicht allein war.

Dichterlos

Für alle muss vor Freuden
Mein treues Herze glühn,
Für alle muss ich leiden,
Für alle muss ich blühn,
Und wenn die Blüten Früchte haben,
Da haben sie mich längst begraben.

Allerdings war ich nicht ganz frei von Eitelkeit und habe auch nicht für alle gelitten.

Dem Direktor, meinem Chef in der Schweizer Holding in Luxemburg, gab ich ebenfalls eine Kostprobe zu lesen. Davor hatte er mich ein paarmal eingeladen und mir seine zwei kleinen Kinder vorgestellt. Geschieden, hatte er sie seiner Frau weggenommen. Nach der Lektüre meiner ironischen Verse war keine Rede mehr von dem geplanten gemeinsamen Ballbesuch. Im Gegenteil, er verhielt sich rätselhaft, ja schikanierend. Er suchte sich eine neue Frau, anscheinend hatte er ernste Absichten mit mir gehabt. Die Reime müssen ihm wohl die Augen geöffnet haben, was für eine kritische Person ich sein kann. Ein Glück für mich. Offenbar hatte er nur ein liebes, naives Mädchen in mir gesehen, das er leicht manipulieren könnte. Acht Monate nach Antritt dieser Stelle kündigte ich und bewarb mich bei der Montanunion. Dort war ich willkommen und blieb 32 Jahre bis zur großen Freiheit (Pension). Als ich einige Wochen nach meiner Kündigung den ehemaligen Chef der Holding auf der Straße traf, begrüßte er mich so, als wäre nichts gewesen. Ich sagte nur süß lächelnd: „Ich wundere mich nur, dass ich noch freundlich zu Ihnen sein kann." Dazu fiel ihm keine Antwort ein.

Bereits ein paar Jahre vor meinem Kontakt mit der „Emma" mischte ich mich in die Emanzipation der Frau ein. Ein Freund (nicht mein Freund), John Fisch, gründete eine luxemburgische Illustrierte mit dem Namen „Saphir". Ich hatte die Idee, über die gesetzlichen Benachteiligungen der Frauen in Luxemburg zu recherchieren und einen Artikel darüber zu schreiben. Der Vorsitzende der Anwaltskammer gab mir ein Interview und klärte mich über die Gesetze auf. Die waren haarsträubend. Ich konnte es kaum fassen. Der Artikel fand ziemlich viel Anklang bei den luxemburgischen Frauen. Der Rechtsanwalt stellte sich sogar für eine Art Kummerkasten zur Verfügung. Darauf reagierten die Damen jedoch nicht. Luxemburg ist zu klein und sie fürchteten wahrscheinlich, nicht anonym zu bleiben.

Als ich den Artikel jetzt wieder las, fand ich ihn ziemlich aufschlussreich und vielleicht auch nicht ganz uninteressant für heutige junge Frauen. Daraus können sie ableiten, wie sehr sich inzwischen doch einiges zugunsten der Frau geändert hat. Deshalb nehme ich ihn in diesen Text auf:

Heirat auf Luxemburgisch

Was eine Frau erwartet, wenn sie in Luxemburg ihr Jawort fürs Leben gibt.

Seit einigen Jahren wachen – bedingt durch politische Frauenbewegungen und aufklärende Reportagen in der Presse – immer mehr Frauen aus ihrer Lethargie auf. Allenthalben liest und hört man von der Emanzipation der Frau. Plötzlich ist die Frau nicht mehr zufrieden mit der Rolle, die ihr die Gesellschaft vorschreibt. Meistens wird ihr dies zwar nicht vollkommen bewusst. Sie redet sich immer noch ein, zufrieden und glücklich zu sein. Aber ein undefinierbares Gefühl

sagt ihr, dass sie doch ihr wahres Ich nicht entfalten kann. Um wirklich Klarheit über ihre Lage zu erhalten, braucht sie manchmal lange Zeit, und sie muss viele Kämpfe ausstehen und Enttäuschungen erfahren. Die Unabhängigkeit und Selbständigkeit muss eine Frau auch heute noch allein erlernen, weil ihre Eltern ihr in dieser Hinsicht selten helfen können und wollen. In unserer Gesellschaftsordnung wird die Frau oft als Objekt betrachtet und zur Dienerin erzogen. Die meisten Eltern streben noch immer eine sogenannte „gute Partie" für ihre Töchter an. Materielle Gesichtspunkte stehen meistens im Vordergrund. Dafür, dass der Mann sie ernährt, muss die Gattin ihm dienen. Übt die Frau einen Beruf aus, so hat sie die doppelte Arbeit.
Der Mann denkt (wenn auch oft unbewusst), sie wollte ja unbedingt heiraten; also muss sie auch die Nachteile dafür in Kauf nehmen. Wenn ich das Opfer bringe und ihr meine Freiheit schenke, will ich wenigstens all die lästigen Dinge des täglichen Lebens nicht mehr selber tun müssen. Hilft er ihr ausnahmsweise im Haushalt, will er Dank und Anerkennung. Warum eigentlich?
Viel schöner ist es doch, wenn sich zwei Menschen lieben ohne Hintergedanken, nur einfach, weil sie sich mögen, und nicht, weil sie eventuell einen Vorteil davon haben oder erwarten. Viele verdrängte Aggressionen würden so vermieden. Denn letzten Endes gibt jeder Mensch (ob Mann oder Frau) lieber, wenn es freiwillig geschieht. Man bringt sogar Opfer, wenn keine Verpflichtung dahintersteht. Zwang erzeugt immer Unlust. Dauernde Unlust zerstört andererseits mit der Zeit die Liebe. Kein Mensch tut auf die Dauer das, was er nicht gerne tut. Wenn doch, so bleibt nichts übrig von seiner eigenen Persönlichkeit.

Die Emanzipation der Frau kommt nicht nur ihr selbst, sondern auch dem Mann zugute. Ein sicherer, selbstbewusster Mann schätzt auch eine selbstsichere, unabhängige Frau. Er ist auf dieses zweifelhafte Gefühl der Macht, das er auf eine Frau ausübt, nicht angewiesen.

Eine moderne Frau, die all dies begriffen hat, kann sich nicht mehr so leicht ohne jegliche Überlegungen in die Ehe stürzen. Das ist sicher auch der Grund dafür, warum heute attraktive, intelligente Frauen spät oder überhaupt nicht heiraten. Sie sind nicht gegen das Heiraten an sich. Mit einem Mann, der genau so denkt wie sie, muss es herrlich sein, zusammenzuleben. Das große „Aber" jedoch ist: diese Männer sind so selten wie wertvolle Steine. Es ist schon ein besonderer Glücksfall, einen solchen zu finden. Bestimmt ein größerer Glücksfall, als von einem Mann von gestern, heute einen wertvollen Stein an den Finger gesteckt zu bekommen! Denn mit dem Stein verliert man als Frau gar zu oft nicht nur die Unabhängigkeit, sondern auch noch Besitz und Mündigkeit dazu. Natürlich gibt jede Frau bereitwillig alles auf für die Liebe. Solange es Liebe ist. Bereuen tut sie es erst, wenn sie feststellen muss, dass die Liebe versiegt ist oder dass sie nur einseitig war. Dann merkt sie, dass sie von unserer Gesellschaft betrogen wurde. Dass sie einen rechtskräftigen Vertrag geschlossen hat, bei dem sie ohne Zweifel zu kurz kommt. Denn die Ehegesetze sind nach patriarchalischen Gesichtspunkten geschaffen und begünstigen allzu oft den Mann.

Art. 213 des Code Civil, der in jedem Familienbuch aufgeführt wird, besagt wortwörtlich: „Le mari doit protection à sa femme, la femme obéissance à son mari." Die Frau wird also beschützt, deshalb muss sie ihrem Mann gehorchen. Wie wirkt sich das im Einzelnen aus?

Die Frau muss bei ihrem Mann wohnen und ihm überallhin folgen.
Sie darf nur mit Zustimmung des Mannes einen Beruf ausüben.
Eine Frau, die ihre Selbständigkeit liebt und als junges Mädchen einen interessanten Beruf erlernt hat, den sie nicht gerne aufgeben möchte, sollte also vor der Heirat genau wissen, wie ihr zukünftiger Mann darüber denkt. Nachher könnte es zu spät sein.
Die Frau muss den Namen des Mannes führen. Bei der Scheidung kann er ihr jedoch die Weiterführung seines Namens verweigern. Nur in Ausnahmefällen kann ihr das Gericht die Weiterführung des Namens des geschiedenen Mannes gestatten, z. B. wenn sie als Künstlerin unter dem Namen des ehemaligen Mannes bekanntgeworden ist.
Die Frau muss sich also nach einer Scheidung wieder an ihren Mädchennahmen gewöhnen, wenn es auch schwer fällt.
Die Frau kann ohne Genehmigung des Mannes nicht vor Gericht erscheinen, darf also keinen Prozess führen. Allerdings kann ihr das Gericht – nach Anhören des Mannes – die Genehmigung dazu erteilen. Für Ausländerinnen jedoch trifft das nicht immer zu. Für sie gilt ihr jeweiliges nationales Recht.
Durch das Gesetz erhalten die Kinder automatisch die Nationalität des Vaters, auch wenn die Mutter eine andere Nationalität hat und diese beibehalten möchte.
Der Mann bestimmt auch die Konfession und Erziehung der Kinder.
Die Frau kann ohne Zustimmung des Mannes keine Schenkung machen, nichts veräußern, erwerben oder verpfänden. Sie verliert also ihre Geschäftsfähigkeit. Sie kann nicht ein-

mal ohne die Zustimmung des Mannes ein Konto eröffnen und allein über ihr selbstverdientes Geld verfügen. Eine Frau darf nur mit Zustimmung des Mannes ein Konto eröffnen. Er muss bei der Bank ebenfalls seine Unterschrift abgeben. Bei Eröffnung des Kontos werden die Modalitäten festgelegt. Die Bank nimmt in ihre Kartei die Unterschriften der Personen auf, die Zugang zum Konto haben sollen. Der Mann kann jedoch jederzeit seine Genehmigung widerrufen und das Konto sperren lassen. Es hängt also alles von seinem guten Willen ab. Eine Ausnahme machen die Sparkassen. Dort kann die Frau ohne den Mann ein Konto eröffnen und alleine, also ohne Vollmacht, über ihr Geld verfügen.

Dieser Auszug soll genügen, sonst wird mein Text zu lang. Es geht nämlich noch ein paar Seiten weiter. Allerdings möchte ich noch die Schlussansage des Anwaltes zitieren, die für meine Begriffe weniger fortschrittlich ist, als ich den Anwalt zunächst eingeschätzt hatte:

Meine Auffassung ist, dass das Eherecht modernisiert werden müsse. Allerdings sollte nicht von heute auf morgen ein ganz neues Eherecht eingeführt werden. Alle Gesetze müssen zuerst durch die Praxis bestätigt sein. Immerhin sind die Gesetze nicht willkürlich gemacht worden. Sie haben sich mit der Zeit aus der Tradition und den Erfordernissen des Lebens gebildet. Napoleon hat sie schließlich auch nicht frei erfunden, sondern nur zusammenstellen und niederschreiben lassen. Bedenken bei einer rigorosen Änderung des Eherechts hätte ich z. B. für die nicht aufgeklärte Frau. [Soso.]

Sie ist im Grunde ganz zufrieden, wenn der Mann für sie bestimmt und sorgt und sie ihm dafür die Kinder großzieht und den Haushalt führt. Bei Streitigkeiten ist es schon ganz gut, wenn ein Partner [bis jetzt der Mann] das letzte Wort hat. Eine Majorität ist bei zwei Personen nun einmal nicht möglich. [Sehr praktisch für den Mann!]

Der nachstehende Artikel, den ich für die Nummer 9 der Zeitschrift „Saphir" schrieb, war, denke ich, wesentlich emanzipierter als der des Anwalts.

Warum Emanzipation?

Nach meiner Reportage in der Nummer 8 der Saphir mögen manche Männer vielleicht denken, ich hätte etwas gegen sie. Die Mehrzahl der Männer stellt sich unter emanzipierten Frauen wahrscheinlich sowieso kleine Ungeheuer vor, die ihnen das Leben versauern wollen. Das stimmt jedoch keinesfalls, und ich glaube im Namen aller Frauen, die unter diese Kategorie fallen, sagen zu können: Das sogenannte stärkere Geschlecht gefällt uns schon sehr. Wir müssen auch neidlos anerkennen, dass die Männer wirklich meist stärker sind als wir Frauen, aber nur rein körperlich.

Schwere Sachen tragen können sie zum Beispiel besser; und wir sind ihnen dankbar, wenn sie uns bei solchen Dingen, die über unsere physischen Kräfte gehen, zur Seite stehen. Dafür können wir uns vielleicht manchmal mit unseren intuitiven Talenten revanchieren.

Gott hat jedem Geschlecht seine ganz speziellen Gaben zugeteilt, die sich gegenseitig ergänzen, wenn man sie nur richtig zu nutzen weiß.

Ein Mann braucht wirklich keine Angst zu haben, wenn er eine emanzipierte Frau heiratet. Sie legt es nicht darauf an, die Vormachtstellung im Hause zu erhalten. Sie möchte nur ohne Vorurteile als gleichwertiger Mensch akzeptiert werden. Mann und Frau sind wie füreinander geschaffen. Was er nicht kann, kann sie, und umgekehrt. Wenn ihnen das klar zum Bewusstsein kommt, wird das Zusammenleben ideal.

Bei einer emanzipierten Frau kann der Mann die Gewissheit haben, dass sie ihn wirklich liebt; denn nur dann ist sie bereit, all die Vorteile, die ihr die Unabhängigkeit bringt, ihm zuliebe wieder aufzugeben. Er müsste das eigentlich verstehen, weil das von seiner Seite schon immer der Fall war. Er trennt sich normalerweise von seinem Junggesellenstand ja auch nur, wenn er das Gefühl hat, ohne eine bestimmte Frau nicht mehr leben zu können. Der Mann sollte über die Emanzipation also eigentlich noch glücklicher sein als die Frau selbst. Die Ehrlichkeit zwischen den Geschlechtern würde auf diese Weise sehr gefördert. Die Männer brauchten dann nicht mehr die heimliche Furcht zu haben: Hat sie mich am Ende nur wegen meines Geldes oder meines sicheren Berufes geheiratet? Das Verständnis füreinander würde tatsächlich nur günstig beeinflusst.

Dürfen wir in Zukunft hoffen, dass nur noch die Liebe zur Ehe führt und die Scheidung dann folgerichtig überflüssig wird? Auch die Kirche würde das sicher begrüßen und müsste deshalb die Gleichberechtigung der Frau ebenfalls voll unterstützen.

Wenn Frauen auf die Barrikaden gehen, tun sie das gar nicht so sehr um ihrer selbst willen, sondern weil sie die Gerechtigkeit lieben und einfach nicht mehr mit ansehen können, wie sich andere abquälen.

Sie kommen im Leben ganz gut allein zurecht und verstehen es meist, sich bei den Männern durchzusetzen. Ihnen ist im Allgemeinen auch ziemlich egal, was andere über sie den-

ken. Das einzige, wozu sie sich aber absolut nicht überwinden können, ist, einen Mann zu heiraten, der in dieser Hinsicht nicht genauso denkt wie sie. Folglich ist die Auswahl an Heiratskandidaten begrenzt. Das ist vielleicht der einzige Nachteil. Sie geben aber die Hoffnung nicht auf, dass auch Männer sich allmählich ändern.

Sie haben keinen Hass auf die Männer, die das nicht verstehen, vielmehr tun sie ihnen ein bisschen leid. Diese Art Männer geben damit unbewusst zu, wie sehr sie doch selbst noch um ihre eigene Sicherheit ringen müssen, wenn sie eine aufgeklärte Partnerin an ihrer Seite so schwer ertragen können und ihnen unterwürfige Ergebenheit lieber ist. Dann dürfen sie sich natürlich nicht wundern, wenn alle wichtigen Aufgaben im Leben allein an ihnen hängen bleiben. Die Langeweile bekommen sie gratis dazu.

An uns Frauen ist es, den Männern zu beweisen, dass wir selbstbewusst und liebenswert zugleich sein können. Unsere Emanzipation schließt auch nicht aus, dass wir kochen, nähen, stricken, Kinder erziehen und vieles mehr können. Wenn wir wollen. Das Wollen hängt aber davon ab, wie der Mann uns behandelt und ob er den Haushalt ebenfalls als seine Aufgabe betrachtet. Wie ich gehört habe, sollen Männer oft sogar besser kochen als Frauen. Na also! Wir lassen uns gerne zeigen, was wir noch nicht können! Das anschließende Geschirrspülen kann doch auch nicht so viel mehr Geschick erfordern. Natürlich müssen die Frauen ihren lieben, ungeschickten Ehemännern auch Gelegenheit geben, das Gegenteil zu beweisen. Viele Frauen bilden sich nämlich ein, in Haushaltsdingen wüssten sie alles besser, und vor lauter Angst, kritisiert und ausgelacht zu werden, vergeht den Männern alle Lust zum Helfen.

Ein Idealzustand wäre es, wenn Mann und Frau abwechselnd halbtags arbeiten könnten. Dann hätten beide Gelegenheit, ihre Kinder heranwachsen zu sehen, und außerdem bräuchte niemand mehr die Verwirklichung seiner eigenen Persönlichkeit zu unterdrücken. Die Kinder hätten ausgeglichene Eltern und doppelte Anregung. Schließlich hat auch der Vater ein Recht darauf, etwas mehr Einfluss als bisher auf seine Kinder zu haben. Viele Kinder klagen doch darüber, dass der Vater zu wenig Zeit für sie hätte.

Vollkommen unsinnig ist es, die Geschlechter weiter gegeneinander aufzuhetzen. Keiner kann im Grunde etwas dafür, dass alles so ist. Die Verhältnisse früherer Jahrhunderte haben es mit sich gebracht. Das einzige, was man tun kann, ist, diesen unnatürlichen Zustand, der in der heutigen Zeit keinem mehr nützt, allen Menschen bewusst zu machen. Die Männer haben es doch gar nicht nötig, ihr Selbstbewusstsein aus unserer angeblichen Minderwertigkeit zu beziehen. Paradoxerweise ist gerade die Frau mit schuld am Verhalten der Männer. Wer erzieht denn die Söhne zu Prinzen? Das sind doch meistens die Mütter. Also, liebe Mütter, machen Sie nicht länger einen Unterschied in der Behandlung zwischen Jungen und Mädchen. Nachfolgende Generationen werden es Ihnen danken!

Ein Mann sollte sich auch darüber im Klaren sein, dass eine Frau, die ihm vor der Hochzeit zuviel nach dem Mund redet und das kleine, naive Mädchen spielt, meist lügt. Sobald sie ihn auf Nummer sicher hat, entpuppt sie sich und zeigt ihre wahre Natur. Die Erfahrung hat sie gelehrt, dass dieser Trick noch am schnellsten zum Traualtar führt. Wer will es ihr verübeln, wenn der Mann darauf hereinfällt? Ob die beiden sich nachher verstehen, steht auf einem anderen Blatt.

Erkennen wir darum die Zeichen der Zeit und entwickeln wir sie positiv weiter, denn nur so kann, meiner Ansicht nach, die Institution der Ehe gerettet werden und vielleicht auch ein bisschen zum Frieden auf unserer schönen Erde beitragen. Glückliche Menschen sind nicht aggressiv.

John Fisch, der den „Saphir“ und eine esoterische Zeitschrift „2000 – Magazin für Zukunftsforschung“ mit großer Risikobereitschaft und viel Elan ins Leben gerufen hatte, verließ uns leider auch viel zu früh – im Dezember 1984. Er und seine Frau Gaby waren die Einzigen, die mir in Luxemburg 1982 echten Trost spendeten, als ich meine Trauer um Abdallah bewältigen musste.
Unter dem 11.07.1992 fand ich folgenden Eintrag in meinem Tagebuch:

Soll ich mein Geschirr spülen und die Wohnung sauber machen oder lieber in mein Tagebuch schreiben? Beim Frühstück oder eher Spätstück las ich Hermann Lenz' „Jung und Alt“. Dabei kam mir die Lust, wieder mal ein paar Gedanken aufzuschreiben, sozusagen wie im Austausch, den ich mit niemand sonst haben kann. Ein paar Stellen in „Jung und Alt“ habe ich leicht mit Bleistift angestrichen. Schön finde ich zum Beispiel: „Niemand ging etwas an, was er jetzt dachte. Da lag er, holte Käse, Brot und einen Apfel aus dem Rucksack und hatte gewissermaßen ein ausgeglichenes Gemüt. Hier wächst du wieder mit dir selbst zusammen.“ Dieser Robert gefällt mir, vielleicht weil er mir wie ein geselliger Einzelgänger vorkommt. Bekanntlich mag man ja meist das, was Ähnlichkeit mit einem selbst hat. Am Anfang des Buches gibt es einen Satz, den ich mir merken wollte. Weil ich keinen Bleistift dabeihatte, habe ich ihn nicht unterstri-

chen. Jetzt suche ich ihn und denke, wenn ich das Buch ausgelesen habe, werde ich es nochmal von vorn beginnen, wahrscheinlich im September auf Porto Santo.

Diese Tagebuchzeilen erinnern mich daran, wie sehr mir das Zusammensein mit Gleichgesinnten fehlte. Nach 1982, dem Todesjahr meines Liebsten, konnte ich mich nie wieder wirklich offen mit einem Menschen austauschen. Bücher waren meine Freunde. Manchmal, wenn ich mich einem Schriftsteller nah fühlte, wagte ich, ihm ein paar Zeilen zu schreiben. Auch Hermann Lenz, der inzwischen keinen irdischen Körper mehr braucht, bekam einige Briefe von mir. Seine subtilere Existenz erleichtert mir heute, dass ich meine Gefühle für ihn ausdrücken kann, ohne befürchten zu müssen, der Einschleimerei verdächtigt zu werden, um dadurch selbst an Wert zu gewinnen. Zum Beispiel, dass er nicht leiden konnte, wenn die Leute ständig „Genau“, statt „Ja“ sagen, gab mir ein Gefühl von Mit-ihm-verwandt-Sein. Seine sehr freundlichen Antworten bewahre ich wie einen Schatz auf.

Hier seine Briefe:

22.1.85

Liebe Ursula Guthörl,

Sie fliegen nach Indien zum Ashram, während ich schlicht in München bleibe und der Kälte trotze, so gut es geht. Es geht gut, weil es inzwischen wärmer geworden ist und ich in Gummistiefeln über die Wiesen des Englischen Gartens gehen kann, mich wie ein Bub am Hindurchpatschen durch Pfützen freuend. Dann schaue ich aufs schwarze Isarwasser oder begrüße die Krähen, die in Schwärmen einfallen und mir dann und wann unter hohen Bäumen einen Denkzettel verpassen (wie's halt so geht). Und für Enten, Schwäne, Gänse und Möwen nehme ich Brot mit. Aber mir gefällt's nicht, wenn sie einander so grob von den Brocken wegdrängen, die ich ihnen streue. Der Gedanke: die sind auch nicht besser … stört mich ein bisschen.
Sie aber kriechen unters Moskitonetz, Ihres braunen, fetten Kakerlaken wegen. Also haben Sie ihn nicht umgebracht: sehr lobenswert. Ich wäre da wohl rücksichtsloser gewesen, hätte ihn eingefangen und aus dem Fenster geworfen.
Übrigens gelten Kakerlaken in Indonesien für eine Delikatesse und werden in Kuchen verbacken, auch zu Pasteten verarbeitet, was nicht nach meinem Geschmack wäre. Aber wenn's einem schmeckt, warum nicht? Probieren möcht' ich's allerdings nicht.
Und wie ist's mit der Haut der Inder? Ist die „olivfarben", wie Morgot von Sy meint? Was sagt Shaupon dazu?
Ich grüße Sie herzlich und wünsch Ihnen fürs neue Jahr viel Freude am Auf-der-Welt-sein.

Ihr Hermann Lenz

21.12.90

Liebe Ursula Guthörl,

vielleicht lesen Sie diesen Brief auf der Terrasse Ihres neuen Hauses in Porto Santo und es kommt Ihnen kurios vor, wie jetzt einer in seiner Dachstube sitzen und froh sein darf, dass er nicht draußen im Schneematsch zur U Bahn stapfen muss. Ich aber schaue mir Ihre Postkarte an, auf der begrünte Hügel und weiter draußen eine schwarzblaue Insel aus vulkanischem Gestein zu sehen sind, während das Meer unendlich blau verschwimmt.

Ich säße gern neben Ihnen, aber für mich ist's jetzt leider zu weit weg, Ihr Paradies, weil ich nicht mehr fliegen darf, meines ramponierten Herzens wegen; auch „Treutlein Hanni" muss sich ans Flug-Verbot halten. Aber das macht nichts, und ein in Gelassenheit geübter Schwabe fügt sich sowieso jedem Ratschlag des Arztes.

In Pondicherry sind Sie also auch zu Hause, und das ist noch weiter weg, dort hinten in Indien, wohin es mich nicht zieht, wenn ich ehrlich sein darf. Trotzdem beneide ich Sie ein bisschen um Ihre Reiselust samt Wagemut und liebäugele auch mit Ihrem Haus dort unten, freilich nur so als Phantasie-Spielerei. Au net schlecht, würde Eugen Rapp sagen.

Waren dessen Familien-Erlebnisse in „Seltsamer Abschied" nicht ein bisschen enervierend für Sie? Sie schreiben ja, dass Sie froh sind, die Menschen nicht kennen zu müssen, die Eugen Rapp so boshaft mitgespielt haben. Da kann ich mitfühlen.

Nun ja, das Leben präsentiert einem halt nicht nur Freundlichkeiten, das haben wir alle längst gemerkt. Sie scheinen mit Ihrer Verwandtschaft Glück zu haben, und das freut mich. Ist am Ende gar jetzt Ihr Bruder drunten bei Ihnen und blinzelt ins warme Licht?

Ich hoffe, dass es Ihnen gut geht, und wünsche Ihnen stärkende Sonnentage in Ihrem Tuskulum. Im neuen Jahr sollen Sie strahlend gesund bleiben.

Mit herzlichen Grüßen
Ihr
Hermann Lenz

Hoffentlich denkt Hermann Lenz „da oben" jetzt nicht, dass ich von seinen Briefen profitiere, um mich wichtigzutun. Ich denke aber nicht; dafür ist er viel zu großzügig und liebenswürdig.

Hermann Lenz hätte ich zweifelsohne den Nobelpreis verliehen. Er selbst ließ sich von Auszeichnungen allerdings wenig beeindrucken. Davon zeugt sein folgendes Gedicht.

Auszeichnungen

Nach dem Tod liegt all dies
zwischen Brillen und staubigen Vasen
Bei einem Trödler:
Lauter Zeichen der Freundlichkeit.

Jetzt in meinem Alter und im November berührt mich dieses Gedicht:

November

Grünlicher Himmel und schräges Licht,
Waagerechter Schein auf einer Wiese
Und das Gras wird zu Licht.

Allein mit den Krähen,
Weißhaarig neben den Schnabeldolchen,
Als ob es gleichgültig sei, was geschieht.

Licht von unten, von oben. Du gehst,
als wärest du nicht mehr hier.

Wie wäre es mit einer posthumen Verleihung des Nobelpreises an Hermann Lenz? Das möchte ich hiermit anregen. Man muss doch auch einmal eine Ausnahme machen können. Außerdem würde ich „Jung und Alt“ verfilmen. Das sollte nicht allzu schwierig sein, weil dieses Buch nicht zu dick und schön übersichtlich ist.

Sogar den schwierigen Peter Handke belästigte ich schriftlich. Schon allein angesichts der Tatsache seines Ruhms finde ich dies jetzt einigermaßen mutig. Am Anfang bedachte er mich mit einer freundlichen kurzen Antwort, worüber ich mich sehr freute. Mein letzter Brief war ihm wahrscheinlich zu indiskret privat. Ich schrieb nämlich, dass ich froh sei, weil er endlich seine große Liebe gefunden hätte. Darauf hat er nicht mehr reagiert. (Vielleicht war die große Liebe ja doch ein Flop.) Seine liebenswürdige Karte vom 27. August 1983 habe ich eben in einer Schublade wiedergefunden. Da 36 Jahre seitdem vergangen sind, wage ich ihre Preisgabe, ohne allzu viel Angst zu haben, man könnte mich verdächtigen, ich wollte mich damit schmücken.

Liebe Ursula Guthörl,

gestern bin ich erst zurückgekommen und beim Lesen Ihres Briefes hat es mir einen Ruck gegeben: „Das ist wirklich etwas Schönes." Sie geben mir auch das eigene Geschriebene wieder, so dass ich mein Leser sein kann. – Ihr Gedicht ist ein Gedicht – hat dieses Recht, die offenen Augen, die Gutwilligkeit, das Schwankende.

Alles Gute,
Ihr Peter Handke

Ich fand auch einen Artikel aus der „BUNTE" wieder. Der ist ebenfalls etwa 36 Jahre alt. Darin unterhalten sich Hermann Lenz und Peter Handke. Die beiden hatten sich wirklich gern. Das berührte mich. Handke sagte zum Beispiel: „Mir schwebte eigentlich eine Ortserzählung vor. Ich wollte die Welt ausbreiten, die ich hier in den letzten vier Jahren erlebt habe. [...] Also dieses Land, die Gegend um Salzburg, die wollte ich nicht beschreiben, ich wollte sie mit einer Erzählung würdigen. [...] Und ich habe gedacht, ich darf kein Ding antasten. Ich muss die Sätze wie Tupfer halten."

Darauf antwortete Lenz: „Bei alledem denke ich an Goethe. Er sagte, es lohne sich, die Alten, also die Griechen und Römer zu lesen, weil sie lehrten: Richte dich auf die wirkliche Welt ein. Kommt es dir auch darauf an, dich auf die wirkende Welt einzurichten?"

Darauf Handke: „Wer weiß denn, was die wirkliche Welt ist? Die wirkende, ja, das ist einleuchtender. Ich denke, es zieht mich eher an, dass die Burschen damals eine ungeheure Lust hatten, die Welt ganz frisch zu sehen. Für jedes Ding einen unschuldigen Blick zu haben. Man denkt, die Alten haben damals gerade erst die Augen aufgemacht. Ich wünsche mir, dass die Dinge des Lebens wieder unschuldig werden."

Trotz aller Unterschiede im Wesen konnten sich diese beiden Männer nahekommen. Es zählen nicht nur Worte. Es gibt eine tiefere, direkte Verbindung, die auch bei Stummen und Gehörlosen wirkt. Sollte diese Annäherung inzwischen auch für Männer und Frauen möglich sein, ohne gewisse andere Spannungen? Ich weiß es nicht, habe die Hoffnung jedoch nicht aufgegeben. Als ich jung war, dachte ich oft: Schade, dass man mit Männern (von denen man nichts will) nicht zu freundlich und entgegenkommend sein kann, ohne in einen falschen Verdacht zu geraten. Jetzt, wo ich alt bin, muss ich deswegen wahrscheinlich keine Bedenken mehr haben. Auch Peter Handke spricht von den „Burschen", und nicht von den „Burschen und Mädels". Jetzt, viele Jahre später, würde er vielleicht die „Mädels" mit einbeziehen, falls seine Erfahrungen mit ihnen das zulassen.

Meine persönliche Emanzipierung verlor allmählich an Vordringlichkeit, da ich mich stark und selbstsicher genug fühlte, um anderen Interessen mehr Raum zu geben. Trotzdem beobachte ich weiter die Belange der Frauen und ärgere mich oft, dass immer noch vorwiegend der männliche Teil der Menschheit das Sagen hat, obwohl er nicht besser weiß als der weibliche, wie die Dinge gut zu tun sind.

In Indien, zum Beispiel – wo ich mich nach wie vor längere Zeit im Jahr aufhalte –, muss ich mich allerdings vorsehen, nicht in den Geruch einer Rassistin zu geraten. Ein guter indischer Freund, den ich seit 1982 kenne und wirklich gernhabe, hat mich nämlich vor zwei Jahren in diesem Zusammenhang gewarnt, als ich bei einem gemeinsamen Abendessen hartnäckig an den Zuständen in Indien herummäkelte. Bekanntlich wurden bzw. werden die – für Leute aus dem Westen schwer nachvollziehbaren – Traditionen, Sitten und Gebräuche in Ländern wie Indien in erster Linie von den Männern bestimmt. Da mein Freund ebenfalls ein Mann ist, identifizierte er sich vermutlich mit seinen Geschlechtsgenossen und konnte daher meine Kritik schlecht vertragen. Er selbst darf selbstverständlich über sein Land schimpfen – was er in der Vergangenheit reichlich getan hat –; eine Ausländerin hat jedoch kein Recht darauf, und eine Deutsche schon gar nicht. Wäre ich eine Amerikanerin, wäre er wahrscheinlich sogar so weit gegangen, mir kein Einreisevisum mehr zu erteilen, wenn dies in seinem Einflussbereich läge. Und doch, trotz meiner gelegentlichen Anfälle von „Kritikasterei" liebe ich Indien wegen seiner Herzlichkeit, seiner Vielfalt, seiner Fähigkeit zur Integration und seiner tiefen Spiritualität. Und mit Blick auf die Kolonialzeit sollten Europäer sowieso Verständnis dafür aufbringen, wenn Inder manchmal ein wenig heftig auf besserwisserische Aussagen reagieren.

Wenn ich Fernsehsendungen über die aktuelle politische, kulturelle und wirtschaftliche Lage sehe, bemerke ich in den Augen der Sprecher eine gewisse, leicht resignierte Ratlosigkeit. „Wir haben alles ausprobiert und sind gescheitert", hörte ich gestern einen Filmemacher der 68er-Generation sagen. Die „ismen" wären durch die Bank Illusionen gewesen und hätten nichts bewirkt. Ich denke jedoch, dass dies nicht ganz stimmt. Vordergründig hat er recht, tief innen keimt jedoch eine Ahnung in mir auf, als hätten alle Versuche der Vergangenheit nur dazu gedient, das Terrain vorzubereiten für eine andersartige, nachhaltigere „Revolution". Voraussetzungen dafür sind vielleicht die Kapitulation des Verstandes und – nicht zuletzt – die Emanzipation der Frau, oder eher die Emanzipation des Menschen. Denn auch Männer haben weibliche Eigenschaften, wenn sie sie zulassen. An ihrer „Härte" sind nämlich auch die Mütter nicht immer ganz unschuldig.

Ich erinnere mich, wie gern unsere Mutter ein Gedicht vom Jungenhänschen, das nicht weinen darf, aufsagte, wenn mein kleiner Bruder in Tränen ausbrach. Es beginnt: „Kleine Mädchen dürfen weinen, Jungenhänschen tun das nicht!" Danach weinte mein Bruder noch lauter, aber vor Wut. Trotzdem ist er ein einfühlsamer Mann geworden. Die Gene spielen offenbar auch eine Rolle.

Vielleicht sind wir Menschen angesichts der „unlösbaren" Probleme auf der Erde jetzt endlich bereit, etwas ganz Neues, etwas „Unrealistisches" für möglich zu halten. Schon lange sprechen gewisse Kreise von dem Übergang zum Zeitalter des Wassermannes. Autoren wie James Redfield führen uns utopische, wunderbare Energien, menschliche Fähigkeiten und Entwicklungen vor Augen, die das Potenzial haben könnten, die Kultur und Zivilisation von Grund auf umzukrempeln. Wir haben noch keine Vorstellung davon, was das sein könnte. Darüber nachzudenken, bringt nichts. Warum öffnen wir uns nicht einfach für die Möglichkeit der Einwirkung einer weisen „Höheren Kraft", die uns im richtigen Moment eingeben wird, was zu tun ist? Wir Erdenwesen haben uns zu lange eingebildet, alle Probleme durch Grübeln lösen zu können. Das war anscheinend ein Irrtum. Der Verstand ist lediglich Mittler und Helfer, um konstruktive, intuitive Eingebungen in der sogenannten „Realität" umzusetzen. Die unterschiedlichen philosophischen und psychologischen Schulen kommen mir auch nur wie hilfloses Stochern in der menschlichen Psyche vor.

Doch was können wir jetzt in der Gegenwart tun, wo das Bessere doch noch in weiter, zukünftiger Ferne zu liegen scheint? Keine Ahnung! Vielleicht sollten wir – jeder Einzelne – erst einmal „egozentriert" an uns selbst arbeiten und die anderen sein lassen, wie und was sie sind. Versuchen wir doch einfach, die Liebe in uns wieder auszugraben und anzufachen. Wenn es uns gelingt, uns selbst zu lieben und zu akzeptieren, ist der Weg auch nicht mehr weit, die Mitmenschen zu akzeptieren, zu lieben und sie mit unserem Beispiel zur Veränderung zu motivieren. Alle großen, wichtigen Umwälzungen ergeben sich daraus vielleicht wie von allein, und Kriege würden überflüssig.

Hören wir doch ein bisschen mehr auf große Menschen wie zum Beispiel Sri Aurobindo und Mirra Alfassa. Beider Erkenntnisse sind die perfekte Synthese westlicher und östlicher spiritueller Errungenschaften. Sie könnte die unterschiedlichen Kulturen zusammenführen. Auch der Dalai-Lama ist ein Beispiel für friedlichen Widerstand und so weiter und so fort. Außer diesen überragenden Wesen gibt es sicher noch Tausende andere, die Einsichten gewonnen haben, um uns den richtigen Weg zu zeigen. Man lässt sie nur zu selten zu Wort kommen und setzt lieber auf besserwisserische Schwafler.

So, jetzt höre ich auf zu predigen, sonst wird das kleine emanzipierte Mädchen in der Oma noch größenwahnsinnig und schnappt über. Außerdem muss ich unbedingt an die frische Luft. Nur noch ein paar Verse möchte ich dazwischenschieben:

Der Stein

Seit tausend Jahren liegt der Stein
Allein im Dünensand,
Träumt oft vom wahren, echten Sein
In einem fernen Land.

Er liebt den warmen Sonnenstrahl,
Den kühlen Wind, den frischen Regen,
Doch hat er nicht die freie Wahl,
Sich mal woanders hinzulegen.

Nur manchmal rollt er hin und her,
Wenn hohe Wellen ihn erreichen.
Voll Freude gibt er sich dem Meer,
Ist dankbar für das gute Zeichen.

Die Ahnung von dem wahren Leben
Lässt ihn mit Liebe weiter hoffen
Und lässt sein Selbst zum Himmel schweben,
Denn alle Tore stehen offen.

Dann liegt er wieder eine Weile,
Zufrieden und recht wohlgemut.
Er hat Geduld und keine Eile
Und weiß, es wird am Ende gut.

Die Zeit ist für ihn nicht sehr wichtig,
Sie mag vergehn, die Seele bleibt.
Solang der Lauf des Weges richtig,
Er stetig hin zum Meere treibt.

In einer kalten, dunklen Nacht,
Er war gerade eingeschlafen,
Da ist er plötzlich aufgewacht
Und fand sich draußen vor dem Hafen.

Die Sturmflut hat ihn mitgenommen
Und trug ihn weit ins Meer hinaus.
Nun ist er endlich fortgekommen
Und glücklich auf dem Weg hinaus.

Fazit

All meine Bemühungen um Bewusstwerdung, den Sinn des Lebens und die Liebe zu finden, wären wahrscheinlich wie ein Kartenhaus zusammengefallen, wenn ich nicht im Dezember 1974 ein wunderbares, erhebendes inneres Erlebnis gehabt hätte. Es hat mich gerettet und mir geholfen, fortan meiner wahren inneren Stimme zu vertrauen. Danach war ich verändert und fand mich nie mehr völlig unglücklich am Boden zerstört. Ich wusste, dass irgendetwas Großes auf mich wartet; dazu brauchte ich nur geduldig und zuversichtlich einen intuitiven Schritt vor den anderen zu setzen. Auch zweifle ich nicht mehr daran, dass am Ende der irdischen Tage ein neues Leben auf einer höheren Ebene in einem leichten, subtilen Körper beginnt oder dass wir nach der irdischen Abarbeitung des aktuellen Lebensplanes unserer Seele dahin zurückkehren dürfen. Was mit der physischen Hülle passiert, ist uns dann ziemlich schnuppe.

Solche inneren Erlebnisse, das möchte ich ausdrücklich betonen, sind keine abgehobenen, elitären, okkulten Ausnahmeerscheinungen. Jeder kann sie erfahren, wenn er/sie dafür bereit ist und sich öffnet. Es besteht auch kein Grund, sich etwas darauf einzubilden. Man muss sie nur sehr wichtig nehmen. Allerdings verstehe ich nicht, warum die meisten Menschen ein solches Geheimnis daraus machen. Das Beispiel könnte doch dazu gut sein, auch anderen Zeitgenossen Mut zu machen, nicht an dem irdischen Jammertal zu verzweifeln und vielmehr mit Zuversicht und Vertrauen der Zukunft entgegenzusehen. Denn alles, das Angenehme wie das Unangenehme, hat seinen Sinn. Wenn ich darüber spreche, erfahre ich manchmal, dass gar nicht so wenige Mitmenschen Ähnliches erlebt haben. Sie zögern nur, es zuzugeben, weil sie fürchten, sich lächerlich zu machen oder für ein bisschen überspannt gehalten zu werden. Die Einzelheiten des Mysteriums, das diese Erfahrung ausmachte, werde ich

in diesem Text nicht enthüllen. Ich habe es bereits in meinem Buch „Wasser-Morgen“ geschildert.
Mir scheint auch, dass Erkenntnisse solcher Art nicht neu sind; sie waren nur seit, sagen wir, 2000 Jahren mehr oder weniger verschüttgegangen. Einige selbst ernannte Weltverbesserer und Despoten hatten das Monopol an sich gerissen, um uns vorzuschreiben, was wir zu glauben hatten. Und wehe, wir erlaubten uns in trüber Vergangenheit, eine andere Meinung zu haben. Dann wurden wir schlimmstenfalls auf den Scheiterhaufen geschleift und abgefackelt. Schon allein deshalb singe ich ein Loblied auf die freiere Gegenwart, und sei sie noch so kompliziert und riskant. Menschen mit Durchblick reden heute manchmal von einem großen kollektiven Kraftfeld, das sich immer weiter über die ganze Erde auszudehnen scheint, um Ost, West, Süd und Nord miteinander zu verbinden. Wenn das die neue globale Vernetzung bedeutet, bin ich vollauf damit einverstanden und vertraue darauf, dass die geistige und materielle Versöhnung und Zusammenführung aller Länder der Erde letztendlich mithilfe der „Höheren Kraft“ gelingt. Erst dann wird die Menschheit das Kriegsbeil begraben, weil Liebe und Frieden die Vorherrschaft gewonnen haben.

Ganz zum Abschluss gestehe ich nun, dass ich doch noch einen Wunsch habe, nämlich: in unbekannter Zukunft – wenn ich es endgültig satthabe, meinen abgenutzten Körper durch die Landschaft zu schleppen – mit einem Lächeln in den müden Augen und auf den ausgetrockneten Lippen aus dem irdischen Körper zu schlüpfen, mit der Vorstellung, dass mir alle geliebten Menschen (die vor mir ausgestiegen sind) zum freudigen Empfang mit nimmerwelkenden Blumensträußen entgegenkommen werden und mir beistehen, den Weg in die mir gemäße himmlische Existenz zu finden.

To conquer the difficulties
there is more power
in a smile than in a sigh.
(Mirra Alfassa alias „The Mother")

Schwierigkeiten zu besiegen
gelingt eher durch die Macht eines Lächelns
als durch einen Seufzer.

144 Seiten • Paperback • EUR 11,00
ISBN 978-3-8280-3791-5

Auch als E-Book erhältlich!
E-Book • EUR 8,49
ISBN 978-3-8280-3792-2

Körbe in Kampen

Erzählung

Gelangweilt von ihrer Arbeit als Sekretärin und unzufrieden mit ihrem Liebesleben beschließt Erna, ihren nächsten Urlaub auf Sylt zu verbringen. Dass die Insel ihr Leben nachhaltig prägen soll, ahnt Erna nicht, als sie sich zum ersten Mal im Ort Kampen in einen Strandkorb setzt.

Die Sylt-Besuche gehören fortan für viele Jahre zu Ernas Leben und sind doch viel mehr als reine Erholungsurlaube. Mit Sylt beginnt ein Abenteuer aus Beobachtungen, Begegnungen und Erlebnissen – eine spirituelle Reise, die sie allmählich zurück zu ihrer ursprünglichen Unbeschwertheit und Selbstliebe führen soll. Nur in Puncto Liebe scheint jede Hoffnung vergebens. Aber dann steht sie plötzlich da… die Liebe.